光尘
LUXOPUS

幸福关系的7段旅程

I Love You But I'm Not In Love With You

Seven Steps To Saving Your Relationship

［英］安德鲁·G. 马歇尔
（Andrew G. Marshall） 著

林劭贞 译

中信出版集团｜北京

图书在版编目（CIP）数据

幸福关系的7段旅程 /（英）安德鲁·G.马歇尔著；林劭贞译. -- 北京：中信出版社，2021.3（2024.11重印）
书名原文：I Love You But I'm Not in Love with You
ISBN 978-7-5217-2659-6

Ⅰ.①幸… Ⅱ.①安…②林… Ⅲ.①婚姻－通俗读物②恋爱－通俗读物 Ⅳ.①C913.1-49

中国版本图书馆CIP数据核字(2021)第000506号

I LOVE YOU BUT I'M NOT IN LOVE WITH YOU: SEVEN STEPS TO SAVING YOUR RELATIONSHIP by ANDREW G. MARSHALL
Copyright © 2006 By ANDREW G. MARSHALL
This edition arranged with The Marsh Agency Ltd
through BIG APPLE AGENCY, LABUAN, MALAYSIA.
Simplified Chinese edition copyright © 2021 by Beijing Guangchen Culture Communication Co., Ltd
All rights reserved.
本书简体中文版由北京光尘文化传播有限公司与中信出版集团联合出版
本书译稿引用自张老师文化事业股份有限公司
本书仅限中国大陆地区发行销售

幸福关系的7段旅程

著　　者：［英］安德鲁·G.马歇尔
译　　者：林劭贞
出版发行：中信出版集团股份有限公司
　　　　　（北京市朝阳区东三环北路 27 号嘉铭中心 邮编 100020 ）
承　印　者：北京中科印刷有限公司

开　　本：880mm×1230mm　1/32　　印　张：9.5　　字　数：240千字
版　　次：2021年3月第1版　　　　　印　次：2024年11月第15次印刷
京权图字：01-2021-0824
书　　号：ISBN 978-7-5217-2659-6
定　　价：59.00元

版权所有·侵权必究
如有印刷、装订问题，本公司负责调换。
服务热线：400-600-8099
投稿邮箱：author@citicpub.com

目录

前言 我爱你,但是我没有在爱里的感觉 V

第一部分 重燃爱恋的7个步骤 001

步骤1 了解爱

第1章 "爱"究竟是什么 003

第2章 亲密关系的发展时序 023

步骤2 积极的争吵

第3章 为什么我们需要争吵 047

第4章 能解决问题的吵架 063

步骤3 共同的目标

第5章 相同的爱的语言 085

步骤4　亲密的游戏

第6章　如何促进真正的亲密感　105

步骤5　平衡爱与自我

第7章　爱你是否妨碍我做自己　121

第8章　关系问题或其他问题　143

步骤6　互相给予

第9章　找到关系的正负"引爆点"　169

步骤7　学习

第10章　滋养爱情的6个好习惯　185

第二部分　当危机来临 195

第11章　告白　197

第12章　安顿好每一天　217

第13章　因情而生的罪恶感　233

第三部分　危机过后 245

第14章　复合之路　247

第15章　接受不可避免的事实　267

第16章　新的春天　279

前言

我爱你,但是我没有在爱里的感觉

五年前,一对夫妻来到我的诊疗室,其中一方坦承:"我爱你,但是我没有在爱里的感觉。"起初我很惊讶,这句话听起来像是时髦的都市喜剧对白。然而真实生活里的人却用这句话来描述发生在他们关系中的某种奇妙状况。一个人怎么可能爱着人,却没有在爱里?

这些夫妻都形容对方是自己最好的朋友,或者说他们之间比较像手足关系,不过大部分都还有性关系。实际上,他们的夫妻关系已演变成以陪伴来定义,而不是激情,这显然不能令人满意。随着时间的流逝,越来越多的夫妻开始抱怨相同的问题。并非每一对夫妻都自发地用"我爱你,但是我没有在爱里的感觉"这句话,但所有夫妻都了解其中的深义。对这些夫妻来说,这种僵局特别痛苦:失去恋爱感觉的一方仍深切关心对方,而且绝对不愿意伤害对方,但是他们却想结束关系。

42岁的业务经理尼克与39岁的教师安娜就是一个典型的例子。尼克与安娜已结婚十五年，尽管其间曾面临一些困境，例如尼克被公司解雇，但他们的关系依然充实美好。因此，当尼克丢出"我爱你，但是……"这个炸弹时，安娜震惊不已："我以为我们很幸福呢，我真的这么想。虽然不够完美，但是，又有什么好抱怨的呢？我试图要他解释为什么不再爱我了，但他老是说不知道。他的理由不外乎我不听他说话，可是他以前根本没有跟我说过他不快乐。"尼克解释，这种感觉已经累积多年，还说他必须告诉他们的两名未成年子女，并且暂时分居。"他没有责任感，不忠诚，"安娜抱怨，"他太自私了。我觉得他是为了一个尚未谋面的情人而离开我。"

面对尼克与安娜这样的夫妻，我查阅了专业文献，却发现文献里谈论的多半是相互厌恶，甚至憎恨的夫妻，然而我面对的，却是爱得不够深的夫妻。更糟的是，我找不到任何一项研究专门探讨这样的夫妻关系为何如此普遍，也没有任何理论解释为什么会发生这种现象，更不用说任何改善建议。当时唯一的办法是，我必须亲自填补这个空白。

我发起了一项研究计划，邀请所有参与研究的夫妻在第一次咨询后填写问卷。

我提供了一份他们寻求咨询的常见问题清单。结果令人惊讶：

- » 47%的受访者抱怨"热情不再"；
- » 43%的人说"我爱我的另一半，但我不再有在爱里的感觉，或我的另一半不再爱我"。

令大多数人意外的是,寻求咨询的许多传统理由得到的百分比反而较低:

- » 24%的受访者提到金钱问题;
- » 21%提到外遇问题;
- » 19%提到双方对教育孩子的观念分歧;
- » 15%是吵架到失控。

这些夫妻在选出最令人难过的问题时,"我爱我的另一半,但我不再有在爱里的感觉(或是我的另一半不再爱我)"这个问题位居第三,占24%,仅次于"难以了解对方的观点"(占26%)与"老是争吵"(占25%)。

这项研究也佐证了我在诊疗室里观察到的现象:选择"我爱你,但是……"这个选项的人,不太可能选择"老是争吵"这个选项,而更可能选择"难以了解对方的观点"。安娜当然不喜欢争吵:"我父母整天向彼此叫嚣,我发誓不让我的子女遭遇同样的事情。"如果情况真的很糟,她只会暂时避开。同时,尼克也很体贴,非常为她着想,所以会说服自己避开任何分歧:"我希望安娜不要那么早睡。我睡得很晚,所以夜里我一个人在屋里活动时,必须蹑手蹑脚。不过,这不是她的错,因为过了10点她就困了。"事实上,他俩都非常体贴对方。他们唯一的公开冲突是争着熨衣服,因为他俩都很享受熨衣服的乐趣。

这听起来完美得像天堂，但是，当某一方无法真正地表达感受时，即使只是鸡毛蒜皮的小事，关系也会冷却。慢慢地，几年过去，所有的情感就这样一点一点地枯竭。到最后，很少吵架就跟经常吵架一样具有杀伤力。

我从"我爱你，但是……"的案主身上观察到的第二件事是：缺乏争吵会使伴侣变得更像对方。既是朋友，又是情人的趋势，是现代夫妻的另一项压力，因此我们通常会选择与自己相似的朋友。这样似乎很美好，然而所有的关系都需要摩擦。贝壳里有沙粒才会生出珍珠，而夫妻之间有差异才会产生爱的趣味。更重要的，当夫妻受到极大压力，努力成为对方的一切，分享朋友，甚至共享兴趣时，不但无法保有自我，甚至也无法保有另一半的空间。"我开始觉得我无法做自己，"尼克说，"我被困在别人对我的期待之中。"

第三个重要观察是，大部分失去恋爱心情的人，近期内都经历了生活上的转变。例如尼克刚经历父亲去世："我记得自己站在父亲的床尾，自我反思，'我难道不该为自己的生命做点事吗？'更糟的是，我看到自己的时间所剩无几。"当尼克挣扎在生命意义的抽象问题中时，安娜也退回她的内心深处："我和尼克的爸爸很亲近，他就像我的第二个父亲，然而当时我心想，自己最好扮演支持尼克的角色。所以我忍住眼泪，不想用我的悲伤来打扰他。"虽然她自认为了解尼克才故作坚强，但尼克却把她的反应解读为冷酷无情，因此觉得非常孤单。他们既不与对方分享各自的不同反应，也不多说什么，生怕对方难过。直到咨询进行到后期，尼克才把这股怒火发泄出来。其他事件，例如一个意义非凡的生日将至、孩子出生，或者父母离婚，也会引发一场自我审视，进而可能演变成对夫妻关系的质疑。

经过十二个月的最初阶段，我在这些早期的"我爱你，但是……"案主身上尝试一些可行的治疗方案，并且开始广泛阅读跨领域的文献。我阅读由生意人、哲学家、社会生物学家、营销教父等人所写的书，也参考其他类的关系维护的文献，发现了关于幸福夫妻的少数研究。有些概念可以直接引用到我们的咨询诊疗室，有些则需要稍加修改。慢慢地，我发现一种方法，不但能挽救夫妻关系，而且可以帮助相爱却不相恋的夫妻获得更深层的亲密感，达到真正让人满足的联结。

我决定写这本书，理由有三：第一，我想要分享给治疗师或身处婚姻危机的人一套行之有效的方法。第二，我觉得很难在单一疗程中传达足以显著改善关系的信息。咨询是倾听人们的问题，而不是教导。有了这本书，夫妻与个人可以依各自的状况消化其中的概念。第三，也是最重要的，我想宣扬一个观念：失去恋爱的心情，并不代表亲密关系的结束。

如何使用本书？

这本书并不是让大家更努力尝试，或是教导大家不要对爱情抱太多期望——这类书籍已经够多了。我的使命是帮助人们了解爱，并且指出我们自以为能够维护关系，事实上却在耗损关系的日常生活习惯。当人们听到我的工作，最常见的反应就是怯怯地问："真的有可能再回到恋爱状态吗？"我的答案都一样——加强语气的"没错！"此外，夫妻可以更加了解自己与对方，并且更加紧密地结合。这本书会解释为什么以及怎么做。

第一部分"重燃爱恋的7个步骤"会帮助你：沟通得更好，争吵更具建设性，让你们俩的性生活更亲密，在实现自我与爱人角色之间找到平衡。第二部分"当危机来临"将提供策略，让你们把问题谈清楚，并且处理接踵而至的问题。第三部分"危机过后"让你们知道如何再度联结，并且重新发现爱。或者，如果你们已经分开了，本章将帮助你了解发生了什么事，列出你的可能选择，并且帮助你迈向更有希望的未来。你会在书中发现我从案主记录里挑选出来的案例，不过我已经改过人名与细节，有时候我会把两三个案例融合，以保护当事人的身份与隐私。每一章最后都会有一系列练习。你可以独自完成这些练习，也可以和另一半一起完成。

第一部分　重燃爱恋的7个步骤

我们争执的目的不是赢,而是得到所需。沟通性的、建设性的争吵会增进了解,看到更深层次的心理需求,从而更好地照料彼此。履行责任并不是一味地牺牲,平衡爱与自我也没有想象中那么难,在依恋之爱中共同成长才能成就彼此。

步骤1　了解爱

"你知道我们一直有问题。"
"我以为状况好多了。"
"我有这种感觉已经很久了,我希望状况有所改变。"
"什么?你都没说啊!"
"其实……我爱你,但是我没有在爱里的感觉。"

当一段关系有了危机,自然的反应是想办法尽快修复。然而,在忙乱之中,很容易搞错问题的本质,而走向错误的方向。所以第一步就是真实地了解状况。

第1章

"爱"究竟是什么

过去,伴侣分手是因为彼此憎恨;今日,分手原因很可能是彼此爱得不够。爱,已经从一段成功关系的元素之一,演变成一切——爱是让我们紧密结合的黏合剂。上一代勉强在一起,也许是为了经济需求,或者怕邻居闲言碎语,或者为了孩子。但是,现在的我们却只想活在充满热情且令人满足的关系之中。就某方面来说,这是美好的事。在一个工作时间很长、生活节奏很快、生活目标很高的社会中,爱依然是幸福的小小明灯。但是,这些新的需求却也让我们的关系更为紧张。

如果关系的存亡都是因为爱,那么我们就必须充分了解爱究竟是什么,是什么在维系爱。当一切顺遂,我们会松懈下来;我们让爱遮掩了日常生活中的麻烦,不问任何问题,仿佛让太多阳光照进来会破坏魔法。这种美好的假象一直维持到爱情消逝,夫妻才开始纳闷究竟发生了什么事：一方无法解释为何他们仍然相互关心，却不再"相爱"，而另一方想知道他们做错了什么。有时候说出"我爱你，但是……"的一方会带着一连串的抱怨来到我的咨询室："他不尊重我""他对孩子们咆哮""他对我爸妈很无礼"，以及其他类似的牢骚。然而，无论抱怨有多么五花八门，都无法解释两人当初婚姻的承诺为什么变了味："无论如何，无论情况是好是坏，我都会爱你到最后。"从前，一听到挚爱的名字，就会让你心跳加速，或者犹如漫步在云端。如今发生了什么事？当初你俩觉得能一起面对世界，现在呢？这些夫妻最渴望知道他们的热情是如何从"特别好"转变成"还好"，最后变成"令人失望"的——如果不了解原因，他们如何能修复关系呢？

迈克尔与菲奥纳是典型的例子：他们都年近40岁，两人从十几岁就在一起。"我不再觉得自己对菲奥纳而言是特别的了，"迈克尔抱怨，"我知道我们都有责任，但是我们曾是对方的一切，而现在，我似乎在她的优先顺序中敬陪末座。我也许会开玩笑地说，我连孩子的天竺鼠都不如，但其实这一点也不好笑。"迈克尔有这种感受已经很多年了，因而使他退回自我的世界。起初菲奥纳以为他有外遇，但最后迈克尔终于坦承，他爱她，却不再有相爱的感觉，并且考虑分开。"我们不再是在公交站里吃薯片的小孩了，"她抱怨，"我们不能再像从前一样。想想我为你做的一切：煮饭、打扫、熨衣服。你以为我每天都觉得很特别吗？生活不是这样的。"迈克尔与菲奥纳所谈的都是爱，只不过两人对爱的定义不同。他们对于"爱是由什么构成的"没有共识，对话像是在绕圈子。

几乎每首流行歌曲都跟爱有关,半数的小说与电影也是:我们每天都读到,或在电视上看到爱。我们当然应该了解爱,至少可以给它定义。但这就是困惑开始的地方。我们可以爱我们的母亲、孩子与朋友,甚至巧克力。然而谈到我们的伴侣,爱不仅可以形容关系开始之初的那段疯狂、发癫的日子,也可以形容十年之后,握着对方的手轻抚一下,以及对于彼此的确定感。光是一个字就可以涵盖这么多不同的情感吗?字典在这里派不上什么用场,里面虽然列了近乎二十种定义,包括:爱慕、喜爱、在乎、喜欢、关心、吸引力、渴望、痴恋,而我们也一致同意:喜欢与痴恋之间存在着极大差距。问题在于,我们用一个字来代表三种非常不同的情感:恋爱初期或所谓"蜜月期"的热情、伴侣朝夕相处的亲密感,以及保护孩子的本能或与父母之间的亲情。为了厘清这三种情感差异,我们需要一个新的词汇,部分是为了消除双方因对爱的定义不同而造成的疑惑,就像菲奥纳与迈克尔的情形,但主要是为了更好地解释这些差异,让我们可以更了解爱。

迷 恋

20世纪60年代中期,实验心理学家多萝西·坦诺夫(Dorothy Tennov)开始想了解人陷入恋爱究竟是怎么一回事,却惊讶于心理学先驱们很少探讨这个现象。弗洛伊德把浪漫的爱贬义为被压抑的性冲动,而性学先驱哈夫洛克·霭理士(Havelock Ellis)则把这些复杂的情感简化为一道公式:爱=性+友谊。于是坦诺夫针对500人进行深度访谈,尽管这500人的年龄、性取向与背景有明显差异,结果却发现，每个受访者在描述恋爱初期的感受时，都有着惊人的相似度。以下是其中对于恋爱最常见的叙述：

» 侵入性的思绪——无法停止对心仪对象的日思夜想。
» 当结果很不确定时，会感到心痛。
» 飘飘然——如果有机会互动，就有漫步在云端的飘飘然感觉。
» 对于任何能被解读为"对方对我有意思"的行动或想法特别敏感——"她穿那件衣服是因为她知道我喜欢。""他在会议后留下来，是为了跟我说话。"
» 完全无法在同一时间对其他人感兴趣。
» 在心仪对象出现的场合，会因害怕被拒绝而出现不安情绪。
» 经历逆境后，感觉更加强烈——至少要到某个程度才会停止。
» 所有其他的考虑都退居幕后——就像一名受访者告诉坦诺夫："平常占据我思绪的问题、麻烦与不便，都变得不重要了。"
» 无法说明心仪对象到底有何令人心仪之处，并且不愿意正视对方的缺点，甚至会以怜悯之心包容对方的缺点，并且赋予正面的诠释——"他是害羞了些，但无所谓，因为我可以引领他敞开心扉。""她脾气也许不好，但可以看出她对一切的感受有多么深。"
» 尽管很有可能感到痛苦，但仍觉得爱是"极致的喜悦"，并且"使生命有价值"。

全世界的人在恋爱初期都曾出现几乎相同的感受，而且无论男女都表示了相同的强度。为了厘清恋爱初期的这些强烈情感与老夫老妻较稳定情感之间的差异,坦诺夫用了一个新词来描述恋爱的初期阶段:迷恋(limerence)。

向我咨询过的28岁青年马丁,一定可以认出迷恋的本质是着迷的、侵入性的:"我在一堂萨尔萨舞课上遇见她,便相互吸引,虽然我知道她已婚,但最后还是要了她的电话号码。这违背了我的信仰,但是我无法阻止自己。我们每天早晨都要先通电话,我才有心情工作;如果她没打电话来,我会很心痛。我甚至发现自己会'碰巧'走到她家外面,只为了望向窗户,想象她在那里偷偷地打电话给我。"一年后,这段恋情结束,马丁坦承他们的背景截然不同,而且共同之处很少。他把那种互相吸引归因于强烈的欲望,但这段恋情多半时间都无关性欲。坦诺夫同意这种说法:"可以确定的是,这不足以称为'性的吸引力'。根据我的来访者的说法,迷恋对象的选择标准不同于'仅是'性伴侣的评估标准,而且性爱很少是迷恋的焦点。然而,渴望发生性关系的感觉一定存在,否则这种状态就不叫迷恋。"

就像马丁的情形一样,迷恋可以在兴趣的火花产生的一瞬间,变成所谓的"天雷勾动地火"。有时候,当一个人回顾过去,认定某个时刻非常特别时,迷恋的情绪也可能油然而生。39岁的网站设计师安东尼已经和塔莎约会了几个月,他们很享受彼此的陪伴,但是安东尼一直没有将她视为"真命天女",直到有一次他们相约欣赏一项艺术展览,"她非常陶醉于那幅画,没发现我正注视着她。那一瞬间,我被一股温柔的感受征服了。那幅画鲜明的绿色与蓝色映在塔莎身上,她仿佛与画布上被阳光晒黑的裸体、清凉的河水以及树林与草地的倒影融为一体。画家强调且夸饰了景色中的自然色彩，我发现自己也被吸进了那幅画里。我的感受也变得更鲜明大胆——那种温柔的感受真的就是爱吗？"

对另一些人来说，当一方终于从另一个不同的角度来看待对方时，友情也可能变成热恋。朱丽叶与爱德华已40多岁了，当年他们是校友，同样对音乐有兴趣，但仅此而已。直到爱德华的18岁生日派对，"我不知道是怎么回事，但突然间，我注意到朱丽叶很有女人味。这种感觉悄悄袭上我心，也许是因为她那头黑色长发吧！就在那一瞬间，一盏灯被点亮了：一见钟情——只不过是在我们相识几个月后才发生。我鼓起勇气，决定亲吻她，但我意识到，她只是一个朋友，也担心她会做何感想。这种感觉很奇怪，我记得当我靠向她时，她脸上出现了困惑的神情，仿佛在说，'你知道自己在做什么吗？'我们没说话，一切都以眼神沟通，但我希望她了解，'没错，我知道自己在做什么'。"

正如我之前提到的，迷恋可能带来愉悦，但也可能带来不快。迷恋的对象很可能是完全陌生的人，或者认识我们，却不清楚我们感受的人。就算在没有实际进展的情况下，迷恋的感觉仍然可能滋长。萨曼莎正在上一堂语言课，她迷恋上她的老师："当他举起手在白板上写字，黝黑肌肉隆起的样子；当他弯腰在我桌前，标记一道练习题时，他手臂上充满弹性的黑色汗毛；他会如何用手指穿过浓密的黑发。即使他活到100岁，他的发际线也永远不会后退。"萨曼莎开始幻想这段关系发展的一套复杂剧情："我最喜欢的是，下课后，我的车子抛锚了，而拖车至少要5个小时之后才会来,所以他表示愿意送我回家。但在森林中,他的车子也抛锚了——这是个奇怪的情节,因为我住在城市里——我俩都没有带手机。我们唯一获救的机会是路过的车辆,但没有人会经过这条偏僻的道路。所以我们必须相拥取暖。"现实生活中的萨曼莎十分害羞,根本不敢表达她的感受,况且她的老师已经结婚了。然而几年后,学校走廊上混杂着漂白水、未洗的体育服装与粉笔的奇怪气味,仍能唤起萨曼莎宛如真正长远关系般强烈的鲜明记忆。

我们必须用"迷恋"这个新词来描述这些强烈感受。首先,迷恋意味着爱恋最初几个阶段中几近疯狂的行为是正常现象,然而某些时候,在爱慕对象身旁徘徊可能会被视为跟踪纠缠。其次,当迷恋退去,有些人害怕失去这份爱恋的感觉。事实上,这是会发生在每个人身上的自然现象。喜欢浪漫的人可能会对恋爱的感觉上瘾,因而终其一生都在寻找下一段新恋情,希望能找到某个特别的人,永远处于热恋中。

坦诺夫在她的著作《为爱生迷》中描述了迷恋的五个阶段:

1. 目光交会。虽然性吸引力不一定会立刻发生,但对于彼此的身体一定会有某种程度的"爱慕"。
2. 产生迷恋。陷入迷恋的人会感觉心情飞扬、兴高采烈,而且讽刺的是,还有一种自由感——不仅不受地心引力的羁绊,情感上也无负担。这一切美妙的感受,都归因于迷恋对象的美好特质。坦诺夫的受访者认为,这个阶段可能是逃离迷恋的最后机会。
3. 迷恋成形。无论是真实的还是纯粹个人解读,对方有了明显的回应后，迷恋者就会体验到极度喜悦，甚至兴奋。坦诺夫写道："你的心思会被占据，主要是不断猜测你会在迷恋对象身上发现什么吸引人的特质，会在脑海里重演你和迷恋对象之间的互动事件，而且欣赏自己身上的特质。就是在这种时刻，《西城故事》里的玛丽亚高唱：'我觉得自己很美丽。'"

4. 发生阻碍，但投入程度增加。坦诺夫说："你会到达一个阶段，即无论出于你自己的意念，还是发现了迷恋对象不讨人喜欢的特质，都无法驱离这种迷恋的反应。质疑与越来越强烈的迷恋支援了你原来的自我满意度。你买新衣服、改变发型，并且接受能让迷恋对象更喜欢你的一切建议。你非常害怕被拒绝。"

5. 无论是在喜悦还是在沮丧状态下都精神恍惚。令人惊讶的是，坦诺夫的受访者都形容自己是沮丧的：42%的受访者曾为了一段恋情而经历严重的沮丧，17%的受访者甚至考虑过自杀。"你沉醉在自己的幻想中，对其他一切活动都失去兴趣，"坦诺夫写道，"除非你相信那是一个有助于得到迷恋对象青睐的行动，或能出现在迷恋对象面前。"第三种可能是向朋友滔滔不绝地谈论迷恋对象。正如所有关于心碎的流行情歌中所表达的，就算被拒绝，就算被忽略，也无法消除这种疯狂感受。

坦诺夫的受访者屡屡提及目光接触，"她注视我的样子，或者更确切地说，她很少看我的眼睛。"坦诺夫相信，引发迷恋的器官其实是眼睛，而不是心。的确，社会心理学家迈克尔·阿吉尔与马克·库克的研究证实了在一个挤满人的房间里眼神交会的重要性。他们发现，当人类体验到强烈的愉悦情绪时，瞳孔会放大，因此常常会不自觉且不自主地泄露我们的感受。除此之外，泪腺的分泌会稍微增加，使得双眼闪闪发亮，产生阿吉尔与库克所谓的"闪亮的爱慕眼神"。

那么，真正的迷恋会持续多久呢？坦诺夫发现，成功发展的迷恋案例大多会超过6个月。我的看法是，迷恋期最常介于18个月至3年之间，这也是平均周期。这符合康奈尔大学社会生物学家辛迪·海曼的研究发现。她追踪了多巴胺、苯基乙胺、催产素这三种大脑化学物质在37种不同文化的5000名实验对象身上的情形，结果也发现，强烈的吸引阶段差不多介于18个月至3年之间。

但是，一旦迷恋退去是否就完全消失不见呢？当然，疯狂、偏执等着魔似的那一面不再有了，但是强烈的喜悦、腾云驾雾般的飘飘然感觉以及极度兴奋的感受还可能再回来，然而和迷恋初期那种全神贯注比起来，更像是灵光闪现罢了。这些灵光闪现常会出现在逆境过后，例如当你的另一半出差参加研讨会，你们被迫短暂分离，或者是在他有了外遇后你们的情感修复期间。根据19世纪以爱情论述闻名的法国作家司汤达的说法，"爱情的愉悦往往与恐惧成正比"。许多恋人都在争吵过后体验到一股强烈的迷恋，尤其是在"复合"阶段。菲尔和埃迪纳就是这样，菲尔摔坏了埃迪纳的手提电脑，毁了她正在撰写的报告，"我们都痛恨吵架，但这次我们吵了又吵，甚至到第二天早上，我们都不太说话。我从我的角度看事情，而她有她的观点，事情就是这样。"菲尔说，"我们完全闹僵了。午餐时，我们各自和他人一起用餐。走向车子途中，她的手指轻轻划过我的手臂。那种澎湃的喜悦就像电流般，我立刻就明白她也不想吵架。我们可以把事情解决。我的心飞了起来，感觉自己好像飘浮在街道上。"

虽然重新体验迷恋的最有效方法，就是解决一场冲突，或是从一场长途旅程中归来，但在本章最后的练习部分，还有其他没那么戏剧化的点子。然而必须记住，无论是强烈的迷恋或生物性吸引力，都无法持久。如果我们不再像关系初始时那样感觉强烈，也不必责备自己。也许这样才是对的。永远思念着我们所爱的人，其他一切都是浮云，或者在对方身边总是害羞且害怕被拒绝，这样真的切合实际吗？当人们严重判断错误，陷入外遇或不恰当的关系，后来声称自己是"因为爱而盲目"时，他们所讲的几乎都是迷恋。从很多方面来看，迷恋既是一种愉悦，也可能是一个诅咒。

那么迷恋阶段之后的"爱"又是怎么回事呢？问题仍在于如何定义。有时候，书籍与文章称它是"成熟的爱"，这听起来很无聊；或者称它是"较深层的感受"，这似乎是比迷恋更进一步的一种状态，因为迷恋虽然是一种强烈的感受，却缺乏深厚的根基。我们同样需要一个新词来解释这第二阶段的爱，我称它为"依恋"（loving attachment）。这种爱不像迷恋那般稍纵即逝，但同样美妙：星期天早晨，你的另一半刚沐浴出来，突然间，你从一个新的角度看到了你的另一半，让你想起了她/他的美好之处；你们一起观赏孩子们在学校里的戏剧表演，分享彼此的骄傲；本来只是出去买一份报纸，却临时起意，为你的另一半买了一盆风信子。了解依恋是很重要的，因为它为"我爱你，但是……"伴侣提供了一个重要的线索。当某人说自己没有在恋爱时，其实这个人正在抱怨自己缺少依恋。

迷恋 vs 依恋

对于"真爱征服一切"与"无论如何我都会爱你"的浪漫遐想,都是建立在诗人与歌曲创作者的迷恋经验之上。虽然魔法将我们凑在一起,并且帮助我们克服了最初的几个障碍,但要达成且维持一段关系,更需要的是依恋。了解这种爱的最简易方法之一,就是将它与迷恋加以比较。某人臣服在迷恋魔咒中时,无论对方表现得好坏,都会牢牢地心系其心仪对象。在萨曼莎与她老师的例子中,他可以说完全没有在意她,因为他不知道她的感受,但是她仍被他强烈吸引。不同的是,依恋必须得到回馈,否则会枯萎而死。迷恋让人将对方的缺点视为优点,但长期伴侣,也就是依恋的伴侣,却往往过分关注对方的缺点。最后一点,沉醉在迷恋魔咒中的伴侣并不在意像赚钱糊口这样的现实问题,因为他们有爱情"让他们保暖",但是依恋的伴侣却必须共同解决生活的复杂性与实际需求。

遗憾的是,对浪漫爱情的想象以及对迷恋缺乏认知,使我们相信,一旦我们找到可以放心的伴侣,爱就会自动解决任何问题。就算工作过度,或是忙着照顾孩子,我们都想象对方会谅解在优先顺序中敬陪末座,或者当我们无法完成对方交代的任务时,也期望对方会原谅我们。短期而言,依恋会让这种忽视幸免于难。但是,如果持续这样下去,这段关系就会恶化。"我觉得自己的付出被视为理所当然,"当安雅这样说时,她的先生杰瑞在椅子里挪动身子,直到几乎是完全背对着她,"只要家里没事,孩子们没有制造太多噪声,他就不理我。回家后他就打开电视,或和儿子们玩电子游戏。他没有真正和我说过话，任何重要的事情都不说。"杰瑞终于忍不住转过身来，抓起她的手，"但是我爱你啊！这还不够吗？"他以为他们的关系就和初相识时一样，当时正值迷恋高峰，而他们的结合可以帮助他们战胜任何困难。大部分伴侣之所以会来到我的办公室，都是因为其中一方觉得他们的爱已不再，并且随着时间的流逝已渐渐疏离。这正是安雅的情形。一般人很容易因为对方的一个重大恶行而认为爱已经被破坏，但爱往往是经历过许许多多小小的伤害后逐渐消逝的。事实上，依恋永远不能被视为理所当然，就像任何珍宝一样，必须细心呵护。

依恋滋长的养分

对大部分人来说，下列清单就像第二天性。然而，承受压力的伴侣会轻视或漠视这些关系要素：

- » 倾听：全神贯注、点头并问问题，让说话者知道自己的话真的被听见了。
- » 分享：分享感受、生活或家务片段。
- » 慷慨：用你的时间、为你的伴侣做一件他/她不喜欢做的工作（如洗碗）或全心投入的性爱。
- » 身体接触：一起挤在沙发上，坐车时抚摸伴侣的手背，或全心投入的性爱。
- » 支持：观赏你的伴侣从事体育活动并给予赞美，对方进修课程时帮忙带孩子，帮助对方实现梦想。

» 分享幽默感：私密的玩笑、打闹以及小小的装疯卖傻，都是增进感情的好方法。
» 额外的付出：我们最感激对方所做的，往往就是对方不容易做到的事，例如以愉悦的态度面对难以相处的婆婆或岳母，或者同意开立共同账户。

如果依恋消逝，有可能重新联结吗？我坚信有可能，在本章最后有一个练习可以让你开始重新联结。接下来我们谈谈第三种爱，可让你更了解相爱却不相恋的现象。如果依恋被忽视，伴侣间也已经疏离，他们的"爱"就变成"关爱"（affectionate regard），这很类似我们对父母、子女、手足与最好朋友的情感。关爱会使我们关心某人，希望他们得到最好的，不愿意伤害他们，但是对方与我们命运交织的方式，却与依恋时期不同。在相爱却不相恋的情形中，"我爱你"总是意味着"我对你的关爱"。

依恋 vs 关爱

依恋必须被呵护才会生长，但第三种爱却很少附带条件，我称它为关爱，因为无论对方行为如何，情感多半会存在。这就是为什么亲子间的情感联系比伴侣间更禁得起分离。就如许多被父母虐待的孩子仍想和父母保持关系，而杀人犯的父母通常也都会激动地为子女辩护。当然，大部分的亲子关系经历这些极端事件后，不一定非存在不可。然而即使在最幸福的家庭里，父母还是有可能造成子女的痛苦；但换作是其他人的话，是不可能被接受的。同样，无论子女多么令我们失望或激怒我们，我们对他们的关爱依然不变。对亲密友人的爱，也是关爱，而同样地，我们会"放过"朋友的行为，却难以接受另一半相同的行为。喝茶发出声音就是一个小而显著的例子：如果是不常见面的某人出现这种行为，我们顶多感到有点不悦，但如果是和这人生活在一起，必定很快就会让你咬牙切齿。朋友身上更严重的人格缺陷可以被容忍，因为我们的生命并没有紧密交织，可以对不好的行为睁一只眼闭一只眼，或者干脆少和这个朋友见面。这就是为什么友谊起起落落，但是关爱依然不变。

把关爱误认为依恋，有可能导致许多不幸。这种情形就发生在业务经理尼克和教师安娜这对夫妻身上。尼克对于关系的需求没有被满足，因而变得疏离。"我们老是和其他夫妻一起出去，"他抱怨着，用几近绝望的语气问他太太，"上次我们俩单独出去是什么时候？"安娜看事情的角度则不一样："但我们还是玩得很高兴啊。上次我们在德文郡租了小木屋，玩大富翁玩疯了。那可是大富翁脱衣游戏耶！"尼克无法反驳，但在他眼中，他们的婚姻已变得像洗热水澡——舒服，但不兴奋。安娜并不了解事态有多严重，因为她把15年共同记忆所累积的关爱误解为依恋。事实上，尼克形容他们的关系就像兄妹。对他而言，迷恋初期那种热情的消失，特别令他沮丧。

为什么依恋会悄悄变成关爱呢？我会在后面几章详细讨论这个议题，但是有两个罪魁祸首我必须现在就指出来：忽略身体上的亲密接触，以及不让对方和自己差异太大。"我很尊重鲍比的意见，"谢莉写道，

"但是我希望他不要将我总是顺从他的意见视为理所当然。"有个男孩请他们16岁的女儿看电影。然而,当男孩穿着破旧衣服到他们家时,谢莉的丈夫出面阻拦,"鲍比认为这个男孩看起来很邋遢,他穿着破牛仔裤和破短袖衫。所以鲍比坚持要接送他们。我女儿很不以为然,我试着告诉鲍比说没关系,只要他们不要太晚回来就好。但是他打断我的话,'对于孩子,我们一直站在同一阵线,现在别破坏这种情形'。他这样说。虽然我基本上同意了,但感觉我好像不被允许发表意见。"

在亲密关系中,夫妻往往不是两个个体,而是变成面貌模糊的一对,其中一方或双方都抱怨失去了自我——这是相爱却不相恋的常见症状。对于一段长期关系来说,我们必须找到与伴侣之间足够的相似性——无论文化的、社交的或情感上的——才能形成联结。但是,我们也需要足够的差异性,才能防止关系停滞僵化,而这就是维持依恋最困难的矛盾之一。通常,磨掉彼此锐利的棱角,减少摩擦,也能制造激情的火花。让我们看看那些在电影、剧院和小说里相爱的著名虚构人物:《乱世佳人》里的白瑞德与郝思嘉、《呼啸山庄》里的凯瑟琳与希思克利夫、《傲慢与偏见》里的伊丽莎白与达西先生,以及罗密欧与朱丽叶。他们不仅在关系中全都充满激情,而且双方个性截然不同。你也许不想要这种耗费精力的关系,但是看看另一个例子:唯一没有冲突的著名虚构情侣档是达比与琼[1]——有谁想和他们一样呢?

---

[1] 译注:达比与琼(Darby and Joan)这对虚构夫妻档的名字,常被引用于诗作或文章中,甚至收录于《蓝登书屋字典》中,用来指生活平淡幸福的老夫老妻。

小　结

» 流行的言情小说灌输给我们无条件之爱的理想典型，在迷恋阶段，常会接近这种状态。然而，一旦伴侣进入依恋阶段，真正无条件的爱就会变成遥远的记忆。

» 与迷恋不同的是，如果没有回馈，依恋就会枯萎死亡，尤其是性爱。然而，依恋可以持续到永远。

» 当一段关系一路走来都够幸福，就有可能把那种温暖的感受误以为是依恋。事实上，它已变成关爱，也就是关心某人、希望对方得到最好的，却缺乏浪漫激情。

» 当某人说"我爱你，但我没有身在爱情里的感觉"，他们想表达的是："我对你有关爱，但已失去对你的依恋。"最糟的情况下，还有另一层含义："我很怀念依恋的感觉，所以我也怀念迷恋时期的刺激兴奋。"

» 我们把陷入恋爱与维持爱情视为"魔术"，因此故意选择用神秘来包装它。虽然了解魔术师如何将女子锯成一半的真相会破坏魔幻感，但是了解爱的本质却是发现如何重燃爱火的第一步。

练　习

迷恋练习 —— 目光接触

引用流行歌曲创作者的原话，在迷恋初期，"我的眼中只有你"，或"无法将目光从你身上移开"。然而，一旦感情稳定下来，住在一起，对方的美丽眼睛会因为许多事物而分心：电视、报纸和工作。事实上，当哈佛心理学家齐克·鲁宾利用精密的记录仪器进行实验时，他发现那些在填写问卷时显示较高亲密程度的伴侣，比那些较不相爱的伴侣彼此注视的时间明显要长。事实上，恋爱中的伴侣在交谈时，有75%的时间注视彼此，而一般伴侣只有30%~60%。"当我的另一半注视我，停下来全心全意关心我，那是我感觉最被爱的时刻。"凯蒂写道。问她何时觉得不被爱，她回答："当我成为被冷落的人时。"

我们可能会争辩不休，是因为我们不再真心注视另一半，所以爱消失了，还是因为爱消失了，我们才不再注视对方？鲁宾当然相信直视彼此眼睛可以诱使大脑释放苯基乙胺，这是一种天然的内啡肽，是让人们陷入恋爱的大脑化学物质之一。试试下列的目光接触练习：

1. 呼唤对方名字，或把手搭在对方肩上，借以吸引对方的注意。第二个方法特别有效，因为你可以轻轻地用力，把对方的头从电脑屏幕转开，让对方注视着你。
2. 耐心等候，直到对方全心注意你，并且直视你的眼睛，纳闷发生了什么事。
3. 直视对方眼睛，时间不需要超过一秒，只要足以让你们真正看见彼此。
4. 在对方唇上亲吻一下。

5. 你的另一半可能会很疑惑，也许会问："你想做什么？"
6. 只是微笑，然后走开。
7. 第二天重复这样做。

如果你的另一半问起了亲吻一事，不要采取防御态度（"难道给我一个吻都不行吗？"）或者发动攻击（"我必须要求一个吻，因为你从来不吻我。"），只需要解释你一直喜欢你们刚开始约会时的目光接触。虽然这样的练习一开始似乎很勉强，但不久后，便会融入你们的生活，而且变得像本能一样自然。

迷恋练习 —— 联结

坦诺夫注意到，在迷恋初期，人们是多么不顾一切地制造自己与心仪对象之间的联结。"如果某个念头与心仪对象缺乏既有的联结，"她写道，"你会立刻创造一个。你会好奇或想象心仪对象会如何看待你手中的那本书、你看到的景色，或者降临在你身上的幸运与不幸。你发现自己想象着如何向对方叙述这些事、对方会如何回应、你们之间如何对话，以及有什么相关行动会发生。"这似乎与老夫老妻无趣的晚间例行互动很不一样："你今天过得怎么样？""还可以。"对话便结束了。

为了把迷恋这个元素重新融进你们的关系之中，去寻找那些值得珍视，并能让你和另一半在夜里分享的事件，你甚至可以把它们写进笔记本里，以免忘记。有两个让这些生活片段变得有趣的秘诀：第一，寻找那些能让故事栩栩如生的细节；第二，寻找那些能引起另一半特别兴趣的事件、意见与角色。

相爱却不相恋的伴侣中，通常有一方一直都在编辑他们的"每日新闻"。理由可能有好多个：害怕让对方觉得无聊、保护对方免于日常琐事的叨扰，或者只是为了忘记微小的不愉快。这些理由也许都成立，但是压抑着不说，只会造成你与另一半之间的鸿沟。所以，试着不要编辑，而是像迷恋初期阶段一样，完整且一五一十地表达出来。

说到底，每个人都需要生活的见证者，否则会觉得自己仿佛隐形般，被误解，甚至不被爱。因此，要专心聆听另一半的消息、问问题以引导对方说话，并表示你真的感兴趣。

依恋练习

试着回想昨天你与另一半之间发生的一切：

1. 从早上醒来开始，在纸张的一边列出清单。典型的清单像早餐；准备上班；吻别；在工作场所打电话；一起吃晚餐；谈论白天发生的事；看电视。周末的清单可能会更长，而且更复杂多样。
2. 现在回头查看这份清单，并且自问，是否有哪件事情滋养了你们之间的依恋？
3. 在清单上所有正面的事项旁打钩，但必须确定这件事的确会强化你们之间的情感联结。例如一通聊天的电话可被纳入，但是打电话要求对方顺便拿东西，就不能算进来。

4. 是否可以改变某个事项，好让这种改变滋养你们的依恋？例如你可以在看电视时帮她按摩双腿，或者在厨房灶台上放一杯鲜榨橙汁，让他下楼时可以喝。
5. 明天是否可以加进一个友善的行动，例如替她放洗澡水，或是传给他一篇感性的文章？
6. 清单上是否有任何你后悔做过的事？我们往往会轻易忘记自己缺乏爱意的举动，但也要把这些写下来。这会鼓励你明天更有耐心。

以下是我的案主关于依恋的询问记录：

问：要多长时间才会有所改变？
答：改变不会在一夕之间发生，通常要花三四个星期，伴侣对彼此的感受才会有显著的不同。

问：如果我已经不爱对方了，难道不该由对方决定是否要改变？
答：当我们对某人失望的时候，我们的自然本能是对他们坏一点。你猜结果如何？结果对方的激情也会降低到和我们一样的程度，而关系便会困在负面循环之中。为何不率先以身作则，先表达出善意？你的另一半也许不会立即回应善意，但是过不了多久，对方会觉得应该面对，并且准备回报善意。你会开启一个正面循环。总要有人跨出第一步，何不由你开始？

第2章

亲密关系的发展时序

在经典的爱情故事之中,恋人的眼睛总是能在人群中找到对方。两人坠入爱河、结婚,然后共组家庭,"从此过着幸福快乐的日子"。但是之后呢?西方文化里有几个标志性事件:订婚、结婚、宗教洗礼,但并不是每对夫妻都可以或想依照这个模式。少了合适模式,我们要如何辨别问题究竟是成熟而不断变化的关系的一部分,还是从根本上来说是一个缺陷呢?可惜的是,心理学家与社会学家却帮不上太多忙。他们把精力放在研究失败的两性关系上,却忽略了幸福的关系。大部分夫妻在黑暗中摸索,和朋友们互相比较,却很少能有真正的了解。

20世纪90年代初期,我开始咨询同性恋伴侣。当时大家对于异性恋者在初次眼神交会之后发生什么事都不甚明了,更何况对同性恋伴侣的了解。所以我开始研究文献,发现了一份由戴维·麦克沃特与安德鲁·马蒂森所做的研究——《男性伴侣》，他们花了五年以上时间，追踪加州地区年龄介于20~69岁的156对同性恋伴侣。没有任何一对伴侣正在做心理治疗，因此可以代表普遍现象。麦克沃特与马蒂森很快就发现了一些模式，进而厘清一连串同性恋伴侣经历的重要阶段，每个阶段都有特定主题与问题。我运用自己的咨询经验，把这个模式加以修改，发现极其有用，于是向同事们展示了我的发现。我还没说到一半，所有同事显然就已认同这个模式也可以应用在异性恋伴侣身上。暂且不管社会对于关系应该如何发展有何期望，我们显示了所有关系实际发展的根本模式。

我的路径图指示了从最初尝试性的"我爱你"到共度余生的六个阶段，为了让爱情充满活力，每个阶段都有特定的障碍与课题。某些状况下，伴侣们会把从一个阶段过渡到另一个阶段本来就会发生的问题解读为个人失败，甚至误以为彼此"爱情结束"。事实上，依恋已经悄悄发展到另一阶段。其他伴侣只是被困在过程中的某一点，或者一方比另一半更快移至下一阶段，因而拉开了不同态度与期望的鸿沟。这一章探讨幸福关系发展的六个阶段及发生的时间，并分析所需的技巧。

阶段一：合二为一——关系发展的前18个月

刚陷入恋爱的两个人除了腻在一起之外，什么都不想。为这种现象命名的坦诺夫写道："迷恋的目的并不是占有，而是一种融为一体的感觉，那是互相爱慕所带来的欣喜。"在这时期，情侣们缠绵最多之处莫过于卧室，许多情侣都表示享有频繁的性爱。保拉与马克约会三个月时，保拉承认："我们会为彼此刷牙，并且共享牙刷。我知道这听起来很恶心，但我认为这很性感，而且让我们更加亲密。"在两人合二为一的阶段，可以不计较或忽视所有的差异。

合二为一提供新的经验与自我改善的机会。如果其中一方有某个爱好，例如歌剧、爬山、为狗配种，另一方也会融入这项嗜好，即使先前一点兴趣也没有。而这一开始可能只是想与对方分享一切，但也有可能变成终生的乐趣。"与保拉约会，确实让我感觉更聪明灵活，"29岁的通信科技工作者马克说，"我没上过大学，都是从工作中学习。虽然保拉拥有学位，但她对我的一切却很感兴趣，所以让我很有信心就工作的事情侃侃而谈。"马克的经验很典型：在合二为一阶段，恋人们会找出对方身上让自己欣赏的特质，并将它们融入自己的个性。

朝夕相处，意味着双方都觉得自己了解对方，而且也觉得对方完全了解自己。当伴侣们回顾这段时间，会发现它似乎充满了魔力与疯狂。事实上，人类需要一点魔力与疯狂，否则有谁能放心让一个陌生人进入自己的生命呢？

最常见的问题

» 每个人都害怕让对方难过，或是害怕爱被收回，所以愿意为了避免争吵而付出一切。

» 如果吵架，感觉就像世界末日。不像在一起多年的伴侣，合二为一阶段的伴侣未曾经历恋爱感觉的消失、争执与再度和好。理智上，合二为一时期的伴侣知道争吵不会带来严重后果，但是由于缺乏安然度过的实际经验，因此他们担心任何争执都有可能是致命的。

» 其中一方因为害怕失去自我而踩刹车。

技巧：放手

在合二为一阶段，跟随自己内心的感受是很重要的。一方面，迷恋帮助伴侣卸除防备，但同时，理性的声音永远都在警告："要谨慎小心。"恋爱关系使两个人本能地相互交战：我们都渴望与人亲近——被了解、拥抱他人，或被他人拥抱——但是我们也希望掌控情势，成为自己命运的主宰。成功的关系意味着要在这两个需求间取得平衡。然而，为了开始踏上爱情旅程，我们必须信任并且相信这次的经验会不一样，尤其当我们随着年龄的增长更具批判性时，更需如此。

阶段二：筑巢期——第二年，也许第三年

伴侣更加认定彼此，并决定住在一起。性爱的渴望从极度疯狂变得较有节制。最后，伴侣开始注意到卧室以外的事物，而共组一个家庭变成表达爱意的新方式。这就是依恋开始之时。然而，住在一起与迷恋

程度降低，会使得在合二为一阶段被忽略的问题浮上水面。以前到彼此住处时，不会为"谁该做什么事"而争吵，然而此时这些实际问题变成焦点。

"再也不同了。"尼娜说。她和奈杰尔在一起不到两年，"我很怕恋情结束。就某些方面来说，这不是件坏事，我可以把注意力放在工作上——天知道当初我花半天时间和奈杰尔打电话时，同事们做何感想。"在前一阶段，吸引力被放大，其他分心事物被缩小，一旦住在一起，差异就变得非常醒目。"我以为尼娜也希望我们能买一个房子，一个属于我们自己的小角落，"奈杰尔说，"但是她认为清偿她的学生贷款更重要。这是我第一次注视着她，心想，我真的认识这个女人吗？"幸好，尼娜与奈杰尔并没有否认或忽视两人的分歧，他们彻底沟通，并且解决了争论。奈杰尔说："我们同意购买几件将来可以带着走的精美家具。"尼娜补充："我们把目前承租的公寓里糟糕的部分用油漆刷一下。"奈杰尔说："尼娜的眼光独到。""我知道这没什么，但是当我们展示给朋友们看时，我真的觉得我们共同完成了一件事，这是我们俩一起做的事。"尼娜为奈杰尔的想法做了总结。可惜的是，有些筑巢期的伴侣很担心差异浮现，尤其是那些相爱却不相恋的伴侣。他们典型的呐喊是："我们之间究竟怎么了？"这些伴侣特别需要有人向他们保证，两人关系并没有结束，只是迈向另一个阶段罢了。

最常见的问题

» 熟悉感可能衍生厌烦——古怪行为变成讨人厌的怪癖。

» 吵架的焦点常常围绕着家里"男性"与"女性"的角色打转。无论是多么现代的伴侣，住在一起都可能会唤起童年时期对于角色形象的旧式认知。

» 争执总是绕着圈子打转，得不到解决。

» 得克萨斯州立大学研究人员长期追踪显示，18个月至3年的交往期，是幸福婚姻的最佳时期。然而有些伴侣不容易做出承诺，决定住在一起已然是一项重大决定。

» 在合二为一时期，伴侣眼中只有彼此，如今朋友与家人再度变得重要。这些外在势力的回归，有可能在伴侣之间制造紧张。

技巧：争吵

争吵似乎常常是为了小事情，例如谁该负责打扫浴室，或者卧室该刷什么颜色的油漆。而伴侣，尤其是相爱却不相恋的伴侣，常觉得没必要把事情闹大。然而，这类争吵不应该避免，部分是因为这些问题会恶化，但主要是因为争吵提供了练习解决分歧的机会。从利害关系很小的小问题学习，远胜过重大且不可避免的事情突然不期而至时手足无措。

阶段三：自我肯定期——第三年或第四年

到了这个阶段，伴侣们往往重视他们之间的相似性，也许会鼓励对方投入自己最爱的嗜好，甚至放弃某事而花更多时间共处。然而，在自我肯定期，伴侣已有足够的信心享受各自的活动，并且记得除了"我们"之外，也存在着"我"。毕竟，此时已不需要两人一起到超市挑选一把槌子。两人的性格、习惯与特质很自然地重新浮现，事实上，双方的独特性有助于关系的健全发展。

玛雅与罗宾这对夫妻成功找出了彼此依赖又各自独立的自我实现方式。他们在各自先前的婚姻中都有子女。"起初我们只做全家人一起做的事，"罗宾说，"但是过了不久，我开始怀念打网球，所以当我儿子和玛雅的儿子们也对打网球感兴趣时，我开始在星期六早上担任他们的教练。当我这样提议时，其实是怀有愧疚感，因为我不想把玛雅排除在外，但实际上她很乐意带我女儿去购物，而且这并没有影响到我们全家人一起吃午餐。"在这项新安排的第一周，玛雅并不是很确定这样做好不好，可是她很快就被说服了："期望全家一起做每一件事，真的很愚蠢。罗宾不喜欢去剧院，所以我就和朋友每周一去看电影，票价比较便宜。"罗宾与玛雅还发现了其他好处，"分开反而让我们在稍后碰面时有话可聊。"罗宾说。

在这个阶段中，双方都必须兼顾自我与双方关系的最佳利益。对双方来说，分头行动很可能是一大冲击，尤其历经了关系需求总被摆在第一的合二为一与筑巢期之后。有些伴侣假装他们的个人需求并不重要，但这会累积长期的怨念，以及潜在的自我认同问题——这就是相爱却不相恋的印记。自我肯定期的另一个问题是，有一方比另一方更快表明自己的个人需求，而这常被解读为针对个人的批评——"为什么你不想再花时间与我相处？"而不将此视为这阶段两人关系的正常现象。

最常见的问题

» 如果其中一方不了解他们究竟是怎样的人，或者自我认同感很低，对他们来说，最安逸的方法就是躲在两人共同的身份之中，而不是重新建立独立且对等的关系。
» 对于那些相爱却不相恋的夫妻来说，其中一方常会认为，对方的独处时间是对双方关系的一种威胁，或者其中一方无法表达他们独立的个人需求。
» 一方试图阻止另一方拥有个人时间，害怕这是关系结束的征兆。
» 双方的角力与挣扎浮出水面。

技巧：折中妥协

如果妥善解决了筑巢期的争吵，双方就会发现，潜藏在小问题背后的较大问题比较容易处理。在最初的两个阶段，想要亲近彼此的基本需求一直占有优先地位。如今进入自我肯定期，想要掌控个人命运的需求再度觉醒。于是，伴侣双方想起自己的个别需求，因而开始商议自己可以拥有多少个人时间。这往往要旷日持久地讨论，尤其加上其他较小的问题，因而会使双方都觉得很累。此时折中妥协很重要，否则，如果无法取得平衡，而偏重其中一方的话，最后将伤害这段关系。

阶段四：合作期——大约第五年至第十四年

伴侣们利用在关系之中取得的安全感，以及在自我肯定期中得到的自我价值感，成功进行外在探求的规划：也许是职业生涯的转变、一堂进修课程或者只是新的兴趣。这个阶段之所以称为合作期，是因为另一方必须给予高度支持。因之所产生的刺激与新鲜感会被带回关系之中，彼此分享。有时候这个计划可以是双方共同参与，发挥互补的技能——最常见的选择就是共同养育子女。在生命晚期才相遇的伴侣可能会决定共同开创事业或一起旅行。无论是共同或个别目标，都会为关系注入新的活力，避免关系迟滞。

在合作期，信任与依赖取代了前几个阶段可能失去的不安全感与恐惧感。伴侣们已经获得自在的熟悉感，并且发展出共同经营家庭的互补方式；他们知道对方做何感想，但并不是恋爱之初的凭空猜想。他们能够快速解决差异，而不必像前一阶段必须花好几个小时协商。虽然这种沟通很有效率，但也可能造成误解。如果一对夫妻被孩子搞得筋疲力尽且倍感压力，其中一方往往需要更多的安慰。"我大概知道米兰达爱我，"唐恩说，"可是她偶尔表现一下，应该不会怎样吧。""我们刚认识的时候,他会滑稽地亲遍我的身体,然后跟我说,他爱我身体的每个地方。"米兰达回答,"现在要他再这么做似乎很愚蠢,但那种感觉确实很棒。"如果这类想法没有妥善处理,其中一方会觉得孤单,觉得自己只是个室友,而不是爱人,并且极有可能演变成相爱却不相恋的情形。

最常见的问题

» 将对方视为理所当然,或者其中一方成长较快,因而把对方抛在身后——这种现象尤其常发生在十几岁或20岁出头就认识的伴侣身上。
» 如果沟通不良,其中一方可能就会过度专注于外在事物,而冷落了对方。
» 有些个别活动可以丰富两人关系,有些则会导致双方渐行渐远,两者只有一线之隔。
» 这可能是六个阶段中最辛苦的阶段,因此,英国的失败婚姻平均为期11~13年,也就不那么令人惊讶了。[1]

技巧:慷慨大方

先前,成功关系的元素是兼容性与共同目标。到了后期,

---

[1] 资料来源:英国国家统计局,2004。

卸下占有欲才是关键。这可能会是不太好过的过渡期，尤其是当其中一方钻进新事物，而另一方尚未准备好或尚未找到自己的路时。相爱却不相恋的伴侣常会发现，不太容易在两人关系中保持独立。这实在很可惜，因为伴侣只有成功地协商共同生活期间的议题，才能停止活在彼此的禁锢之中。两人之间保持适当距离，有助于维持对彼此的兴趣，并减少无聊厌烦的可能。这个阶段的夫妻必须够慷慨大方，祝福另一半参加的每个活动，并且相信这些活动终将改善关系，而不是相反。

阶段五：适应期——第十五年至第二十五年

这个阶段的夫妻忙着适应外在的诸多变化，而不是处理两人关系的内在改变。从孩子离家到父母渐渐年迈，这些改变可能包罗万象。到了这个阶段，夫妻双方都已放弃揣测对方可能是什么样的人和会怎么想，"他老是这样，而且很可能永远都是这样"，或者"何必抱怨她的坏习惯呢？那些坏习惯其实还蛮可爱的"。奇怪的是，当别人不再试图改变我们，并接受我们原来的样子时，我们反而最有可能屈服。这个阶段的夫妻心满意足，友谊与伴侣关系都很重要。随着自信的增加，以及越来越不在意其他人的想法，这个阶段往往是性爱重新复苏的时期。性爱的频率也许不会像最初阶段那般频繁，但是质量却提高了。

从尼克与安娜的例子，可以看出外在压力是如何影响一对夫妻的。尼克的父亲过世之后，他觉得自己对母亲的责任更大了，而安娜则老是念叨两个十几岁的儿子离家念大学之后会怎么样，以及家里可能会有多空荡。对于安娜与尼克来说，审视两人关系在最初五个阶段所经历的变化，不仅为他们的咨询提供了一个全新的视野，同时也是一大突破。以前，安娜总是很乐观，总是关注两人关系的阳光面。现在，她开始专注于适应期的挑战，就她而言，即是儿子离家求学。安娜说："不只是他们人不在，毕竟他们平常就总是不在家。但一想到以后就只剩我们两个人，我就觉得好空虚。"她转向尼克说："星期天午餐就只剩你和我了。"尼克认识到，为了改善两人关系，必须做些真正的改变。

虽然合作期也许是最辛苦的阶段，但适应期才是相爱却不相恋的夫妻最可能放弃的阶段。虽然夫妻之间无论好坏都应该接受对方，但缺点似乎无法改变。这样看来，"她/他向来如此"，很快地就会从放心变成了令人沮丧。无论男性或女性都告诉我："我想再度感觉自己很特别。"而他们办到了。用崭新的观点，再加上一点努力，原本看似沉闷空虚的一切，很快就再度生机勃勃。

最常见的问题

夫妻将对方的奉献和牺牲视为理所当然，越来越少表达，也越来越不想显露情感。

» 虽然接受对方的怪习性有好处，但也有负面影响。相爱却不相恋的夫妻特别容易假设对方是无法改变的，因此认为结束关系似乎是唯一选择。

» 有时候在危机之中，一方可能会希望退回早期阶段的安全状态：被解雇的男人会不由自主地开始增进家庭关系，就像筑巢期一样，或者想要回到合二为一时的亲密感；从前肩负照顾子女或长辈重担的女性，会想回到自我肯定期。

» 一方会假设对方要操心的事已经够多了，因此不会向对方谈自己的问题。

» 受到家庭事件影响，沉睡的记忆开始浮出水面。例如父母死亡或重病可能会让人回想起自己的童年，因而对现今的夫妻关系造成重大影响。子女可能已达到夫妻初相识时的年纪，因而不知不觉唤起一些埋藏已久的议题。然而，这种关联性很难被发现，所以夫妻必须保持对话，而不是退回各自的角落。

技巧：聆听

到了这个阶段，夫妻觉得已经非常了解彼此，但是重大的生命转变，包括家人过世、生日纪念、青少年的创伤等，可能会以意料之外的方式重击两人关系。适应期的夫妻会以过去的经验来假设对方的反应与需求，但过去的经验并非对未来的最佳预测。因此，聆听是很重要的——不仅听对方说了什么，也要听对方未说出口的是什么。有人曾试图解决对方的问题，然而聆听才是更重要的，尤其当某人仍深陷在改变的震撼之中。

阶段六：重燃爱恋期——第二十五年至生命结束

较高龄的夫妻往往是最浪漫且最亲密的，而且远超过合二为一期迷恋产生的共鸣。第一阶段的亲密感是以对未来的承诺为基础，而此阶段的亲密感则以共度一生的事实为基础。重燃爱恋期的夫妻不再在乎两人关系之外的事物，而全神贯注于两人的内在关系。事实上，他们已经经历完整的循环，开始收获他们关系上的投资成果。共享的记忆与私密玩笑对重燃爱恋的夫妻极为重要。"每天晚上关灯睡觉前，我都会告诉玛莎我爱她。"伊恩说，"但她老是插话，说她爱我比我爱她还多。也许她说得对，我们共同经历了许多事情，而我知道我永远有她可以依靠。"这样的安全感使这些夫妻最不可能出现相爱却不相恋的情形。

最常见的问题

» 就像在合二为一阶段，有时候这些夫妻可能会害怕表达不同意见，尤其当其他人开始侵占他们共处的时光，例如当子女过分期望他们帮忙照顾孩子时。

» 对健康的担忧有可能会造成孤立，并让亲密感变成幽闭恐惧症。然而这对两人关系来说都是小障碍，这个阶段可谓是最美好的时光。

技巧：耐心

随着年龄的增长，我们似乎变成了自己的漫画。例如一个以前可能只担心迟到的人，开始预先排练行程，以确保自己知道旅程究竟要耗时多久。毫无意外地，这会使我们更难共同生活。因此，耐心与理解是从个人习惯中协商出方法而让情况不至于太糟的实用技巧。

如果我不符合这些阶段

最初的三个阶段通常适用于任何年纪的伴侣，无论是初恋或第九十九次恋爱。对于相遇较晚及再婚的夫妻来说，第四与第五阶段为期较短，而第六阶段则是另一个普遍的经验。请记住，关系发展的六个阶段只是一个指引，并非绝对会发生。所以，如果你们的关系发展没有依照这个顺序，也不用担心。例如有些夫妻住在一起（筑巢期）之前，就先共同养育了一个孩子（合作期）。虽然这会让一段成功关系所需兼顾的独立与互相依赖（第三阶段的重要技巧：自我肯定）更为困难，但是大部分夫妻还是可以找到解决方法。这可能会让过程不甚平顺，但成长幅度却可能更大。有时候，当生活很艰难时，你们可能会发现自己退回到先前的阶段。典型的例子就是，夫妻在其中一方有外遇之后愿意重新恢复关系——他们会集中花好几个月再次合二为一，只不过这个阶段在第二轮时间会短得多。

小 结

- » 两性关系有其自然节奏，而每个阶段也都有其自然时序。
- » 虽然每一对伴侣关系都不同，并且因人而异，然而依照普遍模式会使过程更为平顺。
- » 压力笼罩时，其中一方或双方有时会退回先前的阶段。一旦再度安定，这对伴侣会恢复到自然发展阶段。
- » 问题之所以发生，是因为人们总假设对方现在的要求与关系刚开始时的相同，然而生活会改变我们以及我们的需求。
- » 没有学到关键课题而被困在某个阶段里，会严重破坏这段关系。
- » 相爱却不相恋的伴侣往往发现自我肯定期很困难，因为他们宁愿强调"夫妻俩"的需求，而不正视个人需求。
- » 了解关系发展的六个阶段，是诊断"相爱却不相恋"危机背后某些问题的第一步，也是坚定踏上圆满伴侣关系的第一步。

练 习

虽然每个练习都是为了特定阶段而设计的，然而这些技巧都可以运用，因此你可以浏览所有的练习，找出解决你们问题的其他点子。

合二为一期：与你内在的成人接轨

新恋情会让最沉稳的人转变成受惊的青少年。这个练习的目的，是要帮助你再度找到你性格中让人满意的成人面。

1. 在纸张的一面列出你伴侣关系第一年的争吵清单。
2. 在纸张的另一面写下当时你们是如何解决那些问题的。这个练习可以帮你找出你辛苦学到的生活技巧。
3. 如果你发现不容易回想起这些问题，这里有一些提示：金钱、洗碗、分离时刻、朋友、照顾孩子、打扫卫生、你主动打电话的次数。
4. 最后，思考你将如何运用这些技巧解决眼前的问题。

   吵架对于消除隔阂是必不可少的，并可借此了解彼此的需求。当你认识到这些问题都可解决，就比较容易释怀，并且增强信心。

筑巢期：专访一个决定

同居是个重大决定，很多伴侣试着尽量延缓这件事。如果你迟迟不敢采取行动，请记住，关系不能保持不动——关系需要发展。面对这种矛盾心情，最好的办法就是"专访"（hot-seat）这些感受。我之所以用"专访"这个字眼，是因为你将变成一个记者，把对方放在受访席上，不带任何价值评判地收集尽可能多的资讯。

通常我们会试图说服对方不要恐惧。对于任何可能的问题我们都能立即解答，这可能是个实际的解决方法、保证（"别担心，我不会那么做"）或是安抚（"别那么傻！"）。通过这个练习，你不仅可以聆听另一半的恐惧，还可以要求对方加以说明，讨论所有可能的意外。试试这些问题：同居的结果是什么？你还担心哪些坏处？最糟糕的情况是什么？还有哪些问题？

当你的另一半思考上述问题时，别害怕沉默。身为咨询师，我发现点头可以鼓励对方打开心扉。点头的动作能让对方知道你正在聆听，但又不会打断对方的思绪。别企图说服对方不要担心，让对方尽量表达恐惧，直到所有可能性都倾诉殆尽。迅速把相关的提示字句（例如"缺乏空间"）写下来，然后继续进行到下一项。如果恐惧一下子涌出，把它们全都写下来，然后将它们一一解决。

一旦记录了所有的恐惧，你们俩就可以开始审视哪些是最重要的。一旦指出某个恐惧事项并写在纸上后，我的案主往往会说："其实我并不觉得那个问题很严重。"于是我就把那个恐惧事项删除。聆听对方的恐惧之后，找出你们共有的恐惧，并且加上你自己的其他恐惧。

一旦一切都开诚布公，而且感觉自己的心声被倾听了，就会变得容易掌控多了。此刻，你们俩已准备好寻找可能的解决方法。

自我肯定期：关系布告栏会议

以下练习不仅有助于从共同责任中厘清个别责任，并且提供折中的机会，这是这个阶段的主要目的。

1. 各自在卡片上写下你们共同生活后所产生的主要任务与责任。这份清单可能包括：金钱、社交生活、汽车、花园、烹饪、买菜、装饰、保险、家庭、重大购买决定、节日、宠物、家务。有些伴侣喜欢纳入抽象的概念，例如乐趣、自发性、拥抱。你们可以自行决定，卡片越多、细节越多越好。
2. 双方各拿一张纸，分成三栏：我、你、我们。
3. 写下你认为每项任务该归谁，接着分享你们的答案，并思索背后的含义。通常你们对于谁该做什么事情都会有共识，但可能会有附带条件。例如其中一方可能负责照管汽车，但认为更换新车是共同责任。这些附带条件有助于厘清其中一方的权责范围。
4. 记住，只有当双方都愿意时，这种妥协才能奏效。因此，回头审视一下：这样的责任区分公平吗？其中一方是否让步太多了？其中一方是否太急于取悦对方？在真诚的折中方案之中，不会有所谓的输家或赢家。

以下是一则"关系布告栏会议"的实例：

萨曼莎立刻拿起写有"社交生活"的卡片，但随后承认："我向来不擅长理财，不知道如何做预算。鲍勃却很在行，所以我让他处理转账事务，决定我们的各项消费数额。不用担心这件事，真的让我松了一口气。"鲍勃很乐意拿到写有这些特殊责任的卡片。他们俩很快就知道各自的强项是什么，但问题就出在鲍勃或萨曼莎觉得对方在处理强项事务时，没有适当地征询自己的意见。所以我们找到一个折中方法：萨曼莎询问鲍勃是否愿意参加某个音乐会，但是由她来订票，并且询问是否有其他朋友想要同行；鲍勃会征求萨曼莎关于预算的意见，但是由他来做财务安排，例如支付贷款。秘诀就在于，找到平衡点，让各自发挥所长，却不破坏亲密情感。

合作期：找到你的梦想

无论是共同活动或个别活动，如果你尚未找到想投入的事项，这个练习应该帮得上忙。重要的是，开始之前必须先了解阻碍你们达成可能性的原因。很多人尚未想象到可能的活动或兴趣，并确实地探讨可能性，就立刻告诉自己：

» "这根本不切实际。"忘掉实际吧！在梦想中，一切都有可能。
» "这不会带来任何财富。"当你全神贯注于一项兴趣，浑然不觉时间的流逝，梦想滋养了你的灵魂，并得以展现自我；你可以上一门艺术课、在花园里建造一座铁路模型，或加强你的高尔夫球技。金钱在此不在考虑范围之内。
» "我的天分不够。"梦想是为了自得其乐，所以无论你是否能把某件事做好、做得不好不坏，或者做得很差劲，都不重要。只要你做得开心，就继续做下去。研究人员也发现，无论天资如何，任何人都可以把任何事情做到专业水准，只需要一万小时的练习就可以达到专业，所以，也许你也办得到。

让你的内在批评暂时住嘴，此刻你已准备好：

1. 找个不被打扰的安静场所。
2. 闭上眼睛，想象你希望生活的地方，然后想象你想做的工作、想拥有的关系、社交生活、爱好。
3. 想象所有可能的细节，让幻想尽可能逼真，别让任何你自以为不可能的事情阻碍你的行动，直到创造出你的完美生活为止。
4. 在这幅图像里加入真实的细节。有哪些颜色、哪些气味、哪些声音？
5. 想象一扇通往梦想世界的门，打开它，进入梦想之中。当你将自己真正融入其中，可以学习到什么？
6. 睁开眼，着手计划该如何实现你的梦想。
7. 第二天就开始：预约高尔夫课程，买一本关于水彩画的书，开始为铺设铁道模型而丈量你的花园。

适应期：倾听的技巧

在此阶段，伴侣们都认为自己很了解对方，甚至能预测对方将会说些什么，但这可能会妨碍他们真正倾听对方的心声。

每个人都认为自己善于倾听——毕竟倾听只需要一点点的专注力，并且不发一语就好了。简单嘛！但真有这么简单吗？1984年，两位美国医学教授霍华德·贝克曼与理查德·弗兰克尔做了一次试验，记录医生在不打断病人的情况下病人一次能讲多久的话。结果发现，平均时间只有18秒。记住，这些医生都知道自己参与研究，所以应该可以想象，这些医生会尽量展现自己的倾听技巧。当医生们被告知研究结果时发生了两件事：第一，他们坚称自己给病人的发言时间绝对超过18秒；第二，他们宣称如果倾听时不打断，将会一无所获，因为病人会说个没完没了。于是贝克曼与弗兰克尔又做了追踪研究。这次，病人被允许畅所欲言，不被打断。大部分病人一次只讲30秒，没有病人一次说话超过90秒。

这个倾听练习很简单，却是最有效的方法之一：

1. 掷硬币决定谁先开始。
2. 先发言的一方开始针对目前的问题畅所欲言，不被打断。
3. 为了证明后发言者真正在倾听，而不是排练自己的答案，当先发言的一方结束发言时，对方必须概述重点。通常举出你的伴侣所说的三个例子就够了。
4. 角色互换，说话者变成倾听者。
5. 此时的倾听者要概述发言者的重点。
6. 视情况所需，重复上述步骤多次。

重燃爱恋期：重塑你们的关系

这个阶段的伴侣彼此相知已久，若能用崭新的观点来看待彼此是不错的。这个练习会使复杂的感受浮上台面，并有助于将其转化为语言。这个练习可以单独完成，但若能与另一半一起完成会更好。

1. 拿出一盒纽扣或一叠钱币，将它们铺在桌面上。

2. 如果是和另一半一起进行，就平分这些纽扣或钱币。
3. 不要讨论，各自选取分别代表自己、对方以及每位家庭成员的纽扣或钱币。
4. 现在，你们要开始用这些纽扣或钱币来创造一张全家福。
5. 从你和另一半开始，你会把这两枚纽扣或钱币放得多远或多近？
6. 不要太费心思考把每枚纽扣或钱币放在何处。现阶段先运用直觉即可。
7. 接下来开始放置家人。你的女儿和你的另一半，谁和你更亲密？她有时候会介入你们之间，因此必须被放置在中间？你们的儿子和家人很疏远吗？最好的呈现方式是什么？
8. 接下来加入构成你世界的所有成分，包括：嗜好、宠物、兴趣或工作。这些代表的纽扣或钱币该置于何处？
9. 当你把所有的东西都加入之后，花一秒钟审视这幅图，看看是否一切就位。
10. 与你的另一半分享这幅图。你选择纽扣或钱币来代表自己与另一半时，是否有任何特殊理由？说明所有代表物的象征含义，以及你把它们放在目前位置上的缘由。
11. 最后，如果你可以在你与另一半的图中各更改一件事，你会更改什么？你如何让这种改变发生在现实生活中？

记住，开放的心胸与创新的观念会让你们的关系持续发展。

步骤 2　积极的争吵

"你从来不跟我好好谈一谈。"
"我有啊。"
"我从来不知道你在想什么。"
"我不是都依着你的意见吗？没有人发脾气，这样比较好。"
"但解决不了任何事情。"

大部分伴侣都想避免争吵，因为争吵令人不愉快，有时候会让问题更严重。然而，对双方关系来说，争吵太少和太多一样糟糕。一方或者双方把意见吞进肚子里，最后却转化成怨念，导致两人渐行渐远。没有什么方法比争吵更能把问题摊开来。

第3章

为什么我们需要争吵

当面临"我爱你，但是……"困境的案主来到我办公室时，他们都不知道该怎么回答最困扰对方的问题："为什么你不再爱我了？"我最经常的诊断是，这对伴侣吵得不够多。二十年前，来到我诊所的夫妻往往抱怨吵得太厉害。那时候，他们说："我们无法沟通。"但现在许多伴侣却似乎连适当的争吵也不愿意。

不拌嘴、不争吵，也没有痛苦，听起来似乎很美好，但真的有可能没有纷争矛盾，从此过着幸福快乐的日子？事实上，争吵是健康两性关系的重要组成部分，它暴露真正的问题，让双方可以将小困扰与严重问题分清楚。争吵创造大胆说出口的动力，并且营造"必须做些努力"的氛围。虽然有时候争吵会让我们不安，但这种不自在也许是好的。

为什么我们要这么害怕和相爱的人撕破脸呢？我们没有正视争吵的第一个理由是，现代趋势要求伴侣除了要当情人之外，也要当对方最好的朋友。朋友之间如果彼此叫嚣，是很不礼貌的；朋友应该互相支持、互相了解，而最重要的是接受我们原本的样子。"我老公有个很糟糕的习惯，就是喜欢打断别人说话，"32岁的市场调查员凯特说，"他的伴郎甚至在婚礼致辞时拿这个来开玩笑。我已经懒得取笑他了，但是他说，当我嫁给他时就知道他有这个毛病。所以，我现在只好默默忍受。"

有孩子的夫妻对于争吵尤其紧张不安。"别在孩子面前吵架"是一个时代的流行语，因为他们对于削弱子女自信心或造成其他心理问题方面格外谨慎。随着孩子渐渐长大，睡觉的时间也越来越晚，"别在孩子面前吵架"变成几乎不吵架的借口。这很可惜，因为当孩子见识到具有建设性的吵架时，可以从中学习到关于坦诚、折中妥协与和解的重要一课。

另一个理由是，有时候夫妻因为太过和善，以至于从不吵架。在许多这样的夫妻关系中，一方或双方曾目睹自己的父母离婚，因而十分清楚争吵的破坏力有多强。"结婚当天，我告诉吉姆，'我愿意讨论，我愿意倾听，但是我不愿意吵架'。"59岁的牙科技师丽迪雅说，"我看到我父母争吵不休，这不是生活之道。"在一个不安稳的世界里，一切随时都在重组，我们的延伸家庭也相距更遥远了，伴侣关系的重要性更甚以往。因此，我们假装安全、避免冲突，这有什么好奇怪的？

忙碌的工作行程意味着夫妻相处的时间更少。从最简单的层面来说，如果你们俩几乎见不到面，那么你们争吵的机会也很少。但是事情并非这么简单，就像工作过度的父母强调"亲子时间"的重要性，夫妻也希望彼此的相处能够完美。这种期望不仅给夫妻带来压力，想尽办法避开两人共享的闲暇时光，也使夫妻俩更不愿意表达自己的不满。"我们唯一可以专心共处的时间，是在假期或周末外出时。"凯特的伴侣、35岁的软件工程师罗伯特说，"花了几万块飞到马尔代夫，我可不想让自己为了凯特和别人打情骂俏而吃醋。"必须有足够的相聚时光得以放轻松，让两个人卸下防备，并将自己的不满开诚布公。但双薪家庭的夫妻何时才能这样做？

职场的变动是造成我们更不愿争吵的另一个罪魁祸首。新的管理技巧已经摒弃旧式的直接对立，偏好寻找共识，而这种办公室氛围也被带进家庭。40岁的迈克尔是伦敦地铁经理，他的妻子苏注意到，迈克尔在参与了一项特殊训练课程之后有了明显改变，"他决定，我们只有在拿着'发言棒'时才能发表意见——发言棒是厨房里的一支木汤匙。"她说，"我很想配合他的决定。可是每次我控制不住脾气时，他会平静地说，'我听到你的愤怒了，我们这样也解决不了问题'。我只好一再告诉他，'我可不是你们公司的中层主管'。"就像苏所发现的，一个巴掌拍不响。

有些年轻气盛的夫妻，尤其是20多岁的夫妻，因为想要保持完美而承受极大压力。这些人在学校里表现优异，就读最好的大学，毕业后得到令人称羡或高薪的工作，正要购买自己的房子。完美的夫妻关系是另一个努力的目标,可惜的是,争吵不适合放进这幅画面中。27岁的电视调查员米歇尔说出了许多力求完美的人的心声:"如果让我们的朋友知道克劳德和我之间有问题,我一定会很恼怒。"米歇尔非常在意成就,并且担心如果她落人之后,她的同事便会得到升迁。她的婚姻变成了竞争的一部分。遗憾的是,这对夫妻把这个游戏玩得太好了,以至于米歇尔并未察觉任何严重问题,直到她丈夫消失了两个月,并在世界的另一端重新出现。

其他夫妻也不吵架,因为其中一方太急于帮助另一方成长,以至于几乎变成对方的治疗师或精神导师。你怎么能抱怨这样的事情呢?毕竟这是出于最善良的动机:"我只是希望你得到最好的。"然而,这些立意善良的伴侣很快就会告诉另一半该如何感受。42岁的财务顾问马丁发现自己就是身处这种处境:"我父亲过世后,我很难接受。我以为她永远都会在身边支持我。怎么会发生这种事情?我只想安静地坐在车里,把思绪整理清楚。可是就在我们开车回家的四小时路途中,我妻子不断地提醒我,'你必须走出来'。"帮助与控制之间,只有一线之隔。

在上述种种不争吵的理由背后,有一个共同的恐惧:万一争吵后一发不可收拾该怎么办?我的案主们坦承:"我常常很想生气,但是又怕控制不了自己。"或者,"如果我发泄出来,会不会整个人抓狂?"以及"他对我的印象会不会变差?万一他拒绝我怎么办?"当然,这些都是很合理的担忧,尤其是对那些很少发泄的人来说。另一类型的夫妻是过去曾经吵过架,因而留下不好的经验:"每次她发脾气就对我咆哮，我很痛恨这一点。"或者，"如果我生气，之后他就会和我冷战好几天，那种气氛很恐怖"。这些夫妻该如何克服他们的恐惧呢？在我的咨询室里，我向案主保证，我会适时中断他们的争吵以避免破口大骂，并且提醒咨询时间有限（55分钟），因此不可能一直吵下去。（显然，我必须紧盯时钟，以免我的案主在吵得最火爆时离去。）我也必须确保这当中没有后遗症或冷战。事实上，我的案主可能会上演几项危险的"特技"，但是我提供了安全网。

如果你也很害怕争执，或者极度讨厌吵架，那到底要如何放心地在家里发泄情绪呢？这很重要，因为就算你赞同争吵的好处，并且消化了建设性吵架的所有技巧（下一章会说明），也没有人会走进没有安全网的危险场地。二十年来，我见证案主争吵，我发现其中有三个关键陷阱会将争吵从具有成效与疗效的事情，转变成徒劳无功的事情。这三个陷阱就是怪罪、轻视以及绕着圈子打转。针对这三个陷阱，各有不同的策略可以防止掉入，或者很快就可以爬出来。为了了解这些策略，我必须说明其中的哲理，即夫妻争吵的三大法则。这三大法则会变成你们的安全网。本章最后的练习指引你如何将这些策略融入你们的关系之中。

夫妻争吵的三大法则

法则1：所有吵架的责任都是半斤八两

每次我和姐姐吵架，试图要我母亲评理的时候，母亲就会说出这句箴言。从事婚姻咨询二十多年来，除了婚姻暴力、辱骂、成瘾之外，我尚未遇到过有哪对夫妻不该为他们的问题共同承担责任。我常会听到很具说服力的故事，让我很想相信，我已经找到第一法则的例外了。然而，稍加探究之后，我总是发现，这则故事并非如此黑白分明。婚姻不幸福，双方都有相等但不同的责任。

遗憾的是，英国文化，尤其是法律，总是执意要区分罪人与无辜者。当我们告诉朋友"你一定不敢相信他对我说了什么话"，或者"你猜她干了什么好事"，我们会组织故事，让自己看起来像个大好人。我们不会提及自己曾逼近对方的脸，用尽全力吼叫，或者我们常常刻意忘记自己恶意且不体贴的行为举止。不管是在我们自己脑海里重现争吵，或转述给想听的人听时，我们觉得自己相对正确，而错误都在对方。这个过程也许会让自己较容易和自己相处，却更难和对方共同生活了。

外遇问题又怎么说？外遇也是半斤八两的问题吗？外遇发生之后，社会确实想要标出欺瞒的"罪人"，以及被欺瞒的"无辜者"。但是在我的经验里，情况往往复杂得多。蒂娜与同事发生外遇，她先生马丁发现后，她感到非常羞愧。于是他们一起接受婚姻咨询。"我之所以被诱惑，是因为马丁不肯听我说话，"蒂娜解释，"他一直都好忙，似乎再也不在意我了。当这个男同事向我投来关注时，对我极具诱惑力。我说什么他都感兴趣。"未出轨前，蒂娜试着和马丁谈，并计划一起参与更多活动，但马丁最重要的合约正等着续约。马丁被工作绑住，甚至没有注意到蒂娜发生外遇。这让蒂娜倍感难过："我每次出门都会精心打扮，当然也更频繁出门。我的心情一直都是——前一分钟很兴奋，紧接着又很惊恐自己居然做出这样的事情。但是马丁仍然没有察觉。"最后她坦承外遇，并将之结束。蒂娜的行为是错的，但是马丁的行为也有责任。无辜？罪过？谁能真正归咎于谁？况且，这很重要吗？

摒除所有伴侣争端中的"如果""但是"以及"企图找借口的情况"，就会发现双方的责任大约各占一半。有些人可能会说是48∶52，但是从慷慨大方的原则（这是两人关系中一项非常好的资产）来看，计较这个是没有意义的。

一旦认识到半斤八两的道理，夫妻在剧烈争吵时，就不容易掉进互相怪罪的陷阱。毕竟，问题是双方共同造成的。

法则 2：情绪模式相同的人互相吸引

当年我在接受婚姻咨询训练时，发现自己难以接受情绪模式相同的人互相吸引这个看法。当然，在所有亲密关系中，总有一方更善于表达，这难道不能更有利于他们处理情绪问题？大家普遍相信，伴侣中有一方——通常是女性——比较擅长处理关系。很多时候，一方会带另一方去寻求咨询，所隐含的信息是："我没问题，是他/她需要把事情厘清。"有时候这信息也会在交谈中透露出来。根据20年的咨询经验，我知道事情没这么简单。双方很快显现出都需要接受咨询时，我会同时对他们示以会心的微笑。

要说明这第二项原则,重要的是必须了解究竟什么有助于个人情绪健康。第一个要素是诚实并能够面对情绪感受。每个家庭都有代代相传的麻烦问题,有些事情会使家庭成员非常不安,因而每个家庭成员都假装问题不存在。常见的例子包括:性爱、愤怒、金钱、竞争、手足不和与嫉妒……不胜枚举。"在我成长阶段,每当电视上有接吻镜头,我母亲就会非常紧张。"29岁的水管工人特里说,"虽然我常常取笑她的举止,但我却从来无法自在地谈论性爱,无法像我的工作伙伴们那样吹嘘爱情的战利品或讲黄色笑话。感觉就是不对。"显然,只要是人,就无法摆脱复杂的情绪,所以我们便忽视它们。我将这种做法比作架设了一道帷幕,以遮掩令人不愉快的景象。基本原则是:帷幕所遮掩的情绪越少,人的情绪就越健康。有些人的帷幕很低,因而比较容易正视帷幕后方的难熬情绪;有些人的帷幕又高又厚,所以完全无法清楚知晓自己的禁忌话题。

情绪健康的第二要素是健全合理的界限。在某些家庭中,彼此干涉太多,以至于很难厘清哪些问题或情绪属于哪位家庭成员。藩篱太低会产生问题,因为这些孩子长大之后,也不会重视配偶对于隐私的需求,或不尊重对方的不同观点。相反,有些家庭成员之间的藩篱太高,以至于几乎不分享任何事情,这些孩子长大之后,可能也会将配偶排除在外。

在许多案例中,看似擅长谈论关系的一方,结果可能只能谈论狭小范围内的情绪感受。与此同时,说得少但想得多的配偶,反而更有能力探索隐藏在帷幕背后的困难话题。有时候,保持沉默的一方可能比较擅长倾听。不管技巧有何不同,每个伴侣带进关系中的帷幕与藩篱都与情绪成熟度相对应。这些技巧往往是互补的，而婚姻咨询的诀窍就在于让伴侣朝相同的方向行进。

50多岁、有两名成年子女的卡丽与杰伊，便是表面上情绪不平衡的案例。大多数时候都是卡丽负责说话，每当我问杰伊一个问题时，他要么耸耸肩，要么就告诉我："不知道。"这时卡丽就开始大谈杰伊的母亲、他的童年以及他的感受，而杰伊就坐在那里点头。卡丽对于情绪感受侃侃而谈，但是当聚光灯打向她时，她就变得越来越不安。她嘴里讲出很多话，但是稍后当我检查笔记本时，却发现她言之无物。于是我转而要求杰伊谈谈卡丽的背景，一些事实才逐渐浮现。"卡丽小的时候，她母亲大部分时间都在生病，总是躺在客厅的长沙发上。"他解释。卡丽插话："我成为她的眼睛与耳朵。"慢慢地，他们描绘了一幅画面——一名小女孩听母亲抱怨了好几个小时，并成为长期随时待命的"傻大姐信箱"。卡丽也会带来家人和街坊邻居的八卦消息，然后她们会一起探讨细节。"这让我觉得自己很重要、很不错。"这说明了卡丽的顺从。相反，杰伊来自一个没有人会谈论感受的家庭。

难怪卡丽与杰伊会互相吸引：杰伊找到一个可以讨论禁忌话题的人，而卡丽找到一个能够包容她聒噪行为的人。这段关系一开始时运作顺畅，但是卡丽变得更多话，而杰伊则越来越安静，直到双方开始憎恨对方的某些特质，而这些正是当初他们爱上对方的特质。这种状况很常见。

杰伊问的一个问题，造成了重大突破："你和你妈曾经讨论过你们的关系吗？"卡丽咆哮起来。我没有说话。"当其他女孩都出去玩时，自己却被困在家里陪伴母亲，谁喜欢这样？"

陷入深思的杰伊再一次问了这个问题。尽管卡丽经常分析家里的事情，但是仍有一些未曾谈论的禁忌话题。她与她妈妈的关系，以及这份关系加在她身上的限制，就完全是禁忌话题。虽然杰伊与家人的关系较疏离，但是距离却让他的洞察力变得敏锐。卡丽与杰伊各有情绪的优缺点，实际上，他们是半斤八两。

情绪模式相同的人互相吸引是一个令人难以接受的哲理。我记得曾向一名记者解释这个道理，对方变得非常纳闷。"那么我刚和一个需要人呵护又有偏执狂的人短暂交往过，这又怎么说呢？"她问。我正后悔自己话多，她却自问自答起来："离婚之后，我想应该可以用'需要人呵护又有偏执狂'来形容我自己。"许多人会发现，怪罪分手的伴侣比省察自己容易得多。然而，怪罪伴侣会让我们不尊重对方且变得冷酷，最后会产生带有毁灭性和轻蔑性的争吵。

情绪模式相同的人会互相吸引，不会轻易陷入互相蔑视的争吵陷阱，毕竟，彼此的优缺点不相上下。

法则3：80/20法则

顽固的问题，也就是那些确实难以解决的问题，几乎有80%是跟过去有关，只有20%关乎现在。童年时期建构的模式，会附带影响成年后的关系，但是我们常常浑然不觉。当基蒂在25岁考取驾照时，无法理解为什么她的伴侣不会开车成了一个大问题。她说："这个问题从不曾困扰我。"然而，当她得知争执可能源于童年时期之后，她开始找出其中的关联："我大约3岁时，父亲开始失去视力。事实上，我最早的记忆就是他的车子在一场严重意外之后被拖走。从那时候起，都是我母亲开车。有时候她会对自己在宴会中只能喝不含酒精的饮料而感到愤怒。"对基蒂来说，她的伴侣自动跳进乘客座位，触动了她关于过去的联想。当她了解了自己的感受，并且向伴侣解释了这一切之后，开车这件事就不会再成为引爆点。

布赖恩与安迪是另一个"80/20法则"案例。两人的品味与设计理念的差异造成了彼此的嫌隙。他们经常因为添置物品而吵架——20%是因为客厅的天然纤维地毯，80%是因为他们的背景以及原生家庭对于金钱的态度。安迪生长在一个中产阶级家庭，钱一直很充裕，直到父亲开始酗酒，事业失败。从这个经验中，安迪学会在有钱的时候尽情享受。布赖恩来自工人家庭，有六个兄弟姐妹，虽然他父亲的工作稳定，但是钱总是不够用。他最深刻的童年记忆之一，就是在沙滩上捡到一张10元钞票；他很开心地把钞票交给母亲，而那个星期，他母亲就用这笔钱加菜。布赖恩从童年经历中学到的是：赚钱很难，应节约用钱。虽然了解80/20法则无法解决布赖恩与安迪该买哪种地毯的争端，但是确实让情况免于失控，或者掉入无尽的循环中。

了解80/20法则可以阻止同样的问题重复发生，避免坠入痛苦的争执。

如果你想多了解亲密关系中争吵的三大法则，以及如何形成一张安全网，让你们的争吵具有建设性，请见本章最后的练习。

小　结

- » 为了解决伴侣间不可避免的冲突，争吵是必要的。
- » 许多夫妻害怕吵架，因为担心失控。
- » 在误解、问题与吵架中，双方的责任往往是半斤八两。记住这个原则，夫妻就可以停止怪罪彼此。
- » 夫妻争吵的第二法则——情绪模式相同的人互相吸引——表示夫妻双方都拥有解决争吵的能力，也代表这些能力通常是互补的。了解这一点，可让夫妻不再蔑视对方。
- » 如果一项争议似乎无法解决，请审视"过去的80%"是如何影响"今日的20%"的。这有助于夫妻了解争议的根源究竟是什么，并且防止争吵绕着圈子打转。

练　习

所有吵架的责任都是半斤八两

我们易于看到别的夫妻都有同样的缺点，而较少接受自己在婚姻里有同等的责任，这是很自然的事。所以，尝试理解这个概念时，暂时先别审视你们的生活，而是去看一档你最爱的电视节目、一本书或电视里的夫妻。

就以简·奥斯汀创造出来的神仙眷侣达西先生与伊丽莎白为例。为帮助我们看出男女主角的缺点，简·奥斯汀甚至将这本小说命名为《傲慢与偏见》。她小心翼翼地平衡小说中的角色，因而在他们的幸福路上发生的误解与障碍，双方都必须付出对等的责任。那么《简·爱》中的简·爱与罗切斯特先生呢？或者《乱世佳人》中的郝思嘉与白瑞德呢？看看美国电视喜剧《老友记》，并且审视瑞秋与罗斯或钱德勒与莫妮卡的责任。

不久之后，你就可以轻易地看出这些著名伴侣都是半斤八两。这时候你就可以以同样的角度来审视你自己的亲密关系。

情绪模式相同的人互相吸引

当对某件事难以建立信任时，最好能从你们的人生经验中找到证据。这个练习将帮助你探索这个概念，并且提供一个平台，让你思索自己的亲密关系。

1. 选择一对你非常了解的伴侣，并且找机会定期观察他们。如果你的父母仍在一起，就是最理想的观察对象。或者你的岳父岳母、你的兄弟姐妹和他们的配偶，或是一对夫妇朋友也行。
2. 拿出一张纸，分成两半，在每半的上方分别写上这对伴侣的名字。

3. 想想所有构成美好关系的人格特质：情感表达、和谐、好的倾听者、愿意改变、良好的界限、洞察力、勇敢、原谅、体贴、有主见、愿意妥协、充满感情、好奇、乐于赞美、自我觉察、仁慈、雄心壮志、外向、遇到危机时可以信赖……

4. 在两人名字底下分别填入这些特质，以及其他更多你所想到的。如果两人都具有某项特质，两栏内都要填写。

5. 如果你想的话，也可以加进两人的性格缺点，但并非必要。

6. 比较这两个人。这对伴侣的平衡状况如何？清单上特质较少的一方是否具有一些不易观察到的隐藏起来的特质？

80/20法则

这个概念比其他练习更容易掌握，所以我们立刻切入正题。

1. 列出你的配偶常惹恼你的一些小事情，例如放假时，衣着邋遢地在屋里四处闲逛；捉弄小狗；把账单放在门口。

2. 现在，启动你的侦探性格，找出这些问题为什么会把你惹毛？每个坏习惯对你有何意义？每个坏习惯唤起你什么回忆？你的父亲或母亲对这些事情看法如何？你的前任男、女朋友或配偶会怎么说？

3. 接下来，回想你的童年，找出你最早的记忆，看看你能记起多少细节。你当时站在哪里？还有谁在场？有什么颜色、气味、口感？你当时碰触了什么？你有什么感觉？当这个记忆尽可能清晰鲜明之后，找寻其他可能相关的童年记忆。

4. 继续扮演侦探，开始把上述内容组合成一个实例。请记住侦探们如何在一开始时提出推测，在心里揣摩可能性，然后收集证据，无论是支持或推翻这个推测。用同样的方法来审视你父母对你性格及感情关系的影响，例如父亲失明这件事对她的影响有多深？留下多么惊恐的记忆？3岁是非常依赖父母的年纪，这个时期的突发事件如何影响她选择伴侣？她是否为求安稳守着一个非常值得信赖的男人？相反，她可能必须一直面对自己的恐惧，因此她会选择和一名危险男子在一起追求刺激。结束每一条询问的线索之前，务必彻底想清楚，并且测试你的直觉反应。这很困难，因为我们当然想对父母忠诚，但目的是要了解我们自己，而非责怪他们。

5. 最后，回想你父母最爱说的话。这些话很可能是哲学性的，例如"人生并不公平""己所欲，施于人"，或"没有'做不到'这个词"；也有可能是针对个人的，例如"为什么你不能像你哥哥一样？"或"大男孩不会哭"，或"别担心，你最……（美丽、聪明……等）"。回味一下父母的这些话是如何一点一点地影响你的人格或世界观。你和配偶之间有争议的问题，有多少是基于这些见解？这些话仍然属实吗？

思考这些问题，有助于揪出你和另一半80%的隐藏性问题，而这些问题可能都是你先前没有注意到的。

第4章

能解决问题的吵架

自从20世纪60年代的性爱革命之后，社会不再认为性爱是肮脏、不好或必须遮掩的尴尬事。如今要求人们尽量避免的情绪是生气。但是生气就像性爱一样，是人性的一部分，不是说不要就能不要。无论我们是否愿意承认，每个人总有生气的时候。相爱却不相恋的伴侣对于生气尤其感到不安或恐慌，因此发展出远离冲突的策略。然而，所有的回避策略不仅无法处理潜在的愤怒，而且最后所造成的痛苦会比直接面对来得大。"我们不吵架，因为我的先生不想吵架。"艾琳写道，"如果因为一切毫无改变而让我感到心灰意冷的话，我会说出我的感受，而他依然沉默，我就更加心烦意乱，而他继续保持沉默。到最后我通常会哭起来，而他就会变得沮丧消沉。"

避免生气的策略

四种最常见的回避策略就是：疏离、合理化、略过、避而不谈。分析过每个策略所隐藏的陷阱之后，我会说明未获解决的愤怒会产生什么后果。最后，运用我们在前面几章讲到的安全规划，便可以开始分析建设性争吵的基本要素：该说什么、不能说什么以及何时停止。

疏离

夫妻双方常告诉自己："这无所谓""我们会求同存异"，以及"谁又会在乎呢"。虽然把生气搁在一旁可能短期内有用，但是这个策略有可能会冰封每一种情绪感受，包括正面的。这个结果极具破坏力。40岁的海事律师詹妮弗说："有些重要的事情我并不同意，但是我不想把事情打乱，所以什么都没说。我只是闭上嘴，慢慢地，我所有的情绪都变得迟钝。"有一天，詹妮弗从没有激情的婚姻中醒了过来，想要离婚，却浑然不知究竟出了什么问题。"我们接受咨询时，全部重点都放在教我们如何有建设性地争吵上。"詹妮弗说："虽然我们互相咆哮的时候并没有解决任何问题，可是当我们稍后冷静下来，心平气和地对话时，就能找到折中妥协的办法。"这种协商讨论之所以有效，是因为他们先经历了一场宣泄性的冲突。但是，这真的很难，所以许多夫妻发现自己困在恶性循环之中。由于不吵架、把怒气放在一边，这些夫妻会越来越退缩，越来越不可能变通，到最后只剩下疏离一种结果。

合理化

虽然情绪感受通常都存在身体内，例如爱情像是胸中的痛，而恐慌则像是胃的下垂感。合理化，可以让一切都合乎逻辑。尼克与安娜本来喜欢形容他们的争吵为"热烈的讨论"，不但发泄了怒气，还保持了所有事情的逻辑性。典型的例子是，当尼克夜里睡觉时，手肘撞到安娜。"他攻击我。"她抱怨。"我根本没想到过'攻击'这个字眼。"尼克反驳，"那会让人联想到某种预谋。"安娜立刻回击说："现在我不能有自己的看法吗？"他们潜藏的问题还没有被点出来，便很快变成了言语上的争执，而且特别理性。

以尼克与安娜的标准而言，这是一场不愉快的争吵，他们的需求都没有被满足，仍旧暗潮汹涌。于是我们开始剖析真正的问题。在睡不着的夜里被手肘撞到背，正显现了安娜所见——尼克的心不在焉态度。但是因为她希望他留在身边，所以她决意要"温和友善"。但情绪仍然必须以某种方式宣泄出来，而"热烈的讨论"就是安娜潜意识中试图处理一些挫折的办法。如果他俩都发脾气，安娜很可能就会脱口而出她压抑情绪的真相。为了让一切合乎理性，尼克与安娜都不敢提高音量，错失了真正了解维持他们关系的动力的契机，以及一个长久的解决方案。

忽略

大部分夫妻都接受自己会生气，但是因为他们也会感到内疚或不安，于是会尽快地把生气的感受抛开。生气通常是事情不太对劲儿的一种警示，但是这些夫妻不但没有倾诉隐藏在痛苦之下的信息，反而直接略过，不去解决争议。杰姬一向比丈夫彼得晚回家，她回到家就立刻准备晚餐。如果她回家略晚，会请彼得帮忙把蔬菜或肉块先切一切。虽然彼得很愿意帮忙，但最后总搞得其中一人火冒三丈。有时候她会主动为他找没做好的原因，借此略过吵架。"难怪你动作这么慢，那把刀需要磨一下了。"她会这么告诉他，或者："你感到厌烦，是因为你最爱的切菜板还在洗碗机里。"有时候，彼得会试着当场解决问题："你上班很累，坐下休息一下吧。"每次一出现怒气，杰姬与彼得就试着找出口，以避免争吵。

这些建议也许是出于爱意，但是忽略愤怒的情绪，他们只能得到表面的答案。咨询时，我们层层拨开砧板与倦怠背后的真相：杰姬觉得一名好妻子应该在一定时间之前准备好热腾腾的晚餐，彼得则再三向她保证他对此并不是那么计较。他们吵的不是这个，归根究底，这对夫妻对于夫妻关系中的男女角色具有极严格的界定：杰姬觉得自己承担了大部分的家务，因而希望能得到多一点的协助；而彼得忧虑的是，她想要指使他，就像他的公司主管一样。虽然他愿意多分担一些家务，却不想要职场中的那种氛围。不再避开生气后，杰姬与彼得发现了争论的所有层面以及适当的解决方法。

避而不谈

相爱却不相恋的伴侣很少使用避免生气的技巧，但我的其他案主却经常这样面对伴侣的愤怒情绪：其中一方生气了，另一方却完全拒绝陷入对方的怒气中。在这些关系中，冲突就在眼前，有时非常激烈。西恩与史蒂文通常都能解决彼此的分歧，但是有一个问题却让他们的处理技巧完全不管用：史蒂文养了两条大型犬，它们从小被训练得很擅长从水里取回物品，所以周末史蒂文会带它们出门参加比赛。西恩不是很喜欢狗，尤其不喜欢又大又湿、毛又长的狗，所以两条狗都住在室外的狗舍里。无论如何，她一直都不认同史蒂文的这项爱好。如果西恩想跟史蒂文谈狗的事情，史蒂文要么安静地让她发泄，要么走出房间，留下火冒三丈的西恩。虽然史蒂文也会生气，偶尔也会摔门而出，但是他从来不会直接冲着西恩发火。

未处理的怒气

有些人无论如何都要掩饰怒气——因为他们认为好人不会抓狂——但怒气无处宣泄，只能往自己心里去。最后，怒气会转变成头痛、溃疡、神经质、忧郁或自我伤害。掩饰怒气的其他表现还有放弃争取、放低自尊。另一个极端则是暴怒。这些人否认生气，因为他们不喜欢自己或他人生气，直到压力累积到无法忍受的程度，便瞬间爆发出来。例如要是乔治将早餐用的碗放进水槽里，而不是洗碗机，弗吉尼娅就会失去理智，她会大吼大叫，骂脏话，甚至大发脾气——这是乔治对她的形容。而私底下，乔治会认为另一半是"喜怒无常的母牛"。但是，因为弗吉尼娅之前已经压抑了无数乔治所不知道的恼怒，所以最后让她失去理智的，只是压垮骆驼的最后一根稻草。从他的观点来看，她的愤怒没有道理，"我之前忘记收碗几百次，她都没有这种反应，这根本和我犯的错不成比例。"

相爱却不相恋的夫妻通常都能找到不那么激烈的方式来应付未解决的怒气。我将此视为生闷气，无论是有意或无意地，他们不直接面对问题，有人就开始玩起游戏。如果生闷气，这人表面上可能看似很合作，事实上却从未去做对方所要求的事：他们忘记打电话，推托房屋修缮，或故意错误地乱放餐具——这样的话，另一半就不会再要求他们做这些事了。心理学家称此为"被动攻击行为"。建设性的怒气爆发可消除误解，但被动攻击却徘徊不去，危害两人的关系。这些人在童年时被教导不能大声喊叫、顶嘴、发脾气、争吵或反抗，实际上他们的父母是在说："你假装我身上不存在这些情绪与行动，我也会假装它们不存在你身上。"有被动攻击倾向的大人总有数不完的借口不去处理真正的问题。

马克是一名37岁的地方政府官员，他同意为另一半做点事情，但事实上却让人感觉并非心甘情愿。"我会朝她微笑，表示赞同：'当然该轮到我去洗衣服了。'但我从来没有真的抽出时间去做。如果她开始指挥我，我就会被激怒。"最后，他的另一半也报复他，不再为他做事。他们已经闹得很僵，所以开始接受咨询。我告诉马克要学会如何诚实地面对他的感受，而不是暗自把怒气掩藏起来。他们应该妥善协调出谁该做什么事，而不是相互打冷枪。其他被动攻击游戏还包括："啊，我忘记了""没错，可是……（加上你自己的借口）"，或者装傻、装无辜以及先发制人。这时，对方就会失去耐性，大发脾气。而被动攻击的人就会转而理直气壮，责怪对方把气氛搞僵。虽然被动攻击的人看似强而有力，但是他们唯一能掌控的，就是把对方搞得很沮丧。他们常常疏忽了自己真正的愿望与需求，最后落了个不满意的结局。在练习部分，我们会多谈谈被动攻击。

生闷气的另一种形态是低级的怨怒。展现这种特质的人不会直接批评，而是提出尖酸刻薄的意见。姬莉是一名45岁的动物行为学家，她发现低级的怨怒正在摧毁她的生活："他会用嘲讽式的评论，例如当我想和女性朋友出去时，他会说'这实在太好了'，或者'好啊，大小姐'。但是如果我质问他时，他只会说'我不能有自己的意见吗？'我根本不确定他是什么意思。他是反对我夜里进城？反对我的穿着？或者只是嫉妒？谁知道呢！我们每次都吵起来。"在每个嘲讽的批评背后，都有好几种未言明的情绪，以及许多不同层次的可能性含义——从漫不经心的批评到深切的伤痛。双方都曾想过他们究竟在讨论什么？或者他们的处境究竟是什么？

分析了因为避免争吵所造成的痛苦与问题后，该来看看建设性争吵了。当我向案主解释这个概念时，其中一方往往会说："这样很好，但是我不想再吵架了。"另一方则会打岔："这似乎太刻意了。"说得更清楚些就是，我并不是建议你们做不必要的对抗，或为吵架而吵架。我们每天都有可能生气：某人冲到车子前面、没有接到回电、受到不公平的批评……不管怎样，下一次快要吵起来时，别再试着回避问题。

对冲突感到非常不安的案主，不管是对陌生人或同事，都会小心翼翼。避免在准备晚餐问题上吵架的杰姬，有一次一名店员忙着和同事说话而怠慢了她，于是她生气了。"通常我会站在那里，怒火中烧，"

她说,"但是这次,我咬牙切齿,心想,大胆一试吧。我很惊讶自己居然用很平静的声音说,'抱歉,可以帮我一个忙吗?'"接下来让杰姬惊讶的是,那名店员没有狡辩或反驳。"原来没什么大不了!"杰姬准备诚实地面对彼得,她可能已经认识到正视愤怒情绪的重要性,但是许多夫妻已经习惯了回避问题,以至于忘记了可以生气。

七个需要争吵的信号

常常吵架的夫妻可以不用太关注下列的前几个信号,但是对于连不同意见都不喜欢表达的相爱不相恋夫妻,务必每一个信号都好好留意。

1. 其中一方比平常更沉默。
2. 肢体语言:不直视对方、耸肩、手臂交叉、双唇紧闭、拖着脚走来走去。
3. 声调改变:声带紧绷,声音听起来更冷淡。
4. 动不动就攻击:"你为什么要那么做?"
5. 一方一再询问:"你还好吗?一切都没问题吗?"却得到对方刺耳或恼怒的回应。
6. 质疑对方的反驳:"不,我不同意。""你确定?"
7. 你们已经忍耐多年,从不抱怨什么,可最近突然有点反常。

想释放这种愤怒,可以把它表达出来,这是唯一合适的方法。表达愤怒的强度可以从直截了当地发表意见(就像杰姬在商店里求助时平静地提出要求），升级到发怒、喊叫，甚至恼羞成怒地尖叫。我把这个过程叫"发泄"。发泄不仅可以安全地释放愤怒，还可以避免人为地将愤怒积攒到无法控制的程度。但发泄并不是扔东西、骂人或肢体暴力。这些极端的发泄方式之所以会发生，是因为全然忽略了前面的争吵信号。值得注意的是，发泄愤怒时要有明确的原因和目的，做到有的放矢。不分青红皂白地发泄，只会让人更加生气，比如公司中层职员在被老板批评后，对自己的下属大喊大叫。

解决冲突的三个步骤

下面的每个步骤都很重要，别着急跳到下一段。

1. 探索

探索是指给愤怒出口，表达委屈与挫折，并希望能够自然地挣脱争吵的牢笼。更多关于释放被压抑的情绪的方法，请见本章练习部分的"如何诚实面对情绪感受"。

有时候，其中一方会比另一方更需要发泄愤怒。别试图劝说，被情绪控制的人是无法运用他们的理智的。请承认他们的情绪："我看得出你很不安。"进行第二步之前，要确认所有情绪都已经发泄完。彼此确认一下："你还有什么要说的吗？"

诀窍：不要针对个人。与其批评个人，不如抱怨行为。不要说"你不讲卫生"，试着说："请不要乱丢咖啡杯。"

2. 理解

听完对方所说的话。不要在对方说话时打腹稿演练攻防，只要倾听。问问题是为了弄明白对方的意思，并确认没有任何误解。如果你以倾听展现对伴侣的善意，对方也会以善意回报。如果你无法倾听，很可能意味着你仍在生气，需要更多发泄。

第一部分：我的责任是什么？

记住，吵架的责任是双方半斤八两，想想你的行为是如何扩大或加深问题的。当你弄清楚自己的缺点之后，找出一件事——无论多小，为这件事致歉。例如尼克与安娜得知儿子中学模拟测验成绩很差之后，吵了一架。安娜之前出门参加了一堂训练课程，所以责怪尼克在她离家期间没有好好监督儿子复习功课。他俩吵个不休。安娜尽管很恼火，但仍然为她该负的责任道歉："我很抱歉用冷漠的态度对待你。"几个小时后，经过深思熟虑，安娜再度道歉："我很生儿子的气，所以迁怒于你，我很抱歉。"

第二部分：我理解你的问题

试着站在另一半的角度来看事情，看看是否有缓和的机会。当时另一半面对了什么样的问题？过去是否发生了什么事情导致对方这样的盲点？例如安娜告诉尼克："我不在家时，你同时扮演父亲与母亲的角色想必很困难。"

诀窍：有时候，当夫妻发现很难为自己的责任而道歉，或为对方找台阶下，我就要求他们交换座位，想象自己真的居于对方的处境。从对方的角度来争辩5分钟通常就够了，这是一个了解你伴侣观点的有效方法。有些夫妻会在家里交换座椅，有些在屋里的不同角落交互争吵，有些则只是在脑袋里交换角色。如果你发现无法进入另一半的处境，你仍然很生气。如果是这样，请回到探索步骤。

3. 行动

除非你们都发泄了怒气，并且试图理解彼此的观点，否则不可能找到有效的解决途径。可惜的是，有些夫妻，尤其是讨厌吵架的相爱却不相恋夫妻，会试着直接跳到"行动"步骤。就像之前所讨论的，这种走捷径的解决方案虽然可行，但是通常会使其中一方产生怨恨，可能会为日后的争端埋下隐患。

当尼克与安娜真正了解彼此的立场后，尼克同意把督促儿子作业当作首要任务，而安娜同意下次因公外出时，会尽量先把衣服洗好，好让尼克专心照料儿子。问问自己："我们从这次吵架中学到了什么？""如果再发生这种情况，我们会有不同的处理方法吗？""下次我们该如何用不同的方式处理？""现在我们该如何处理这个问题？"

诀窍：不要一心只想赢，试着找到双方都满意的妥协方案或者交换条件："如果你戒掉把饼干泡在茶里的恶心习惯，我就不再在床上阅读。"就算是敏感的议题，能同意稍做改变，就是好结果。

万一吵翻了怎么办？

即使是出于最善良的意图，有时建设性的争吵还是不免失控，但不要恐慌。

- » 记住，宁愿吵得很凶，也比完全不吵来得好。
- » 当火气上升时，通常是真正的情绪开始浮上台面的征兆，这也是希望的象征。在咨询中，重修旧好前的争吵总是最激烈的。
- » 忍住别说："还有呢……"然后吐出其他牢骚。这些例子也许能让你更理直气壮，但是同时也会延长争吵并且让争吵复杂化。试着一次只解决一个问题。
- » 你是否批评多于抱怨？一般说来，抱怨是以"我"为主语，而批评则以"你"为开头。例如抱怨通常都是：我希望我们能同时就寝；批评的语气则是：你从不准时上床。第一句话是讨论就寝时间，后一句话可能会引起伴侣的防卫，进而拖长争吵。

» 咆哮和情绪激动不是最不可控的，最不可控的是语言暴力和肢体冲突，当出现语言暴力或者出现推搡或掌掴的威胁时，你俩应该分开10~15分钟，等双方都冷静之后再回来。无论哪一方感到威胁，都应该大喊："暂停！"两人分开到不同房间，或是让其中一方外出，稍做散步或开车兜风。需要多长的分开时间由每对夫妻自行决定，但是应该事先就商议好。很重要的是，讨论必须继续进行——有些夫妻快速地审视过去，有些则进入第二回合；否则，正在发泄的一方从此以后将不愿意让另一半"暂停"，因为害怕没有机会好好释放他/她的怒气。

» 谨记80/20法则（详见第3章），看看一再吵架背后的可能原因。有一对前来咨询的夫妻是为冰箱的解冻问题争吵。她觉得他买了太多冷冻食品，却不把原有的先吃完。他负责做饭，因此觉得该由他决定做什么。情况变得很糟，尤其当她父母送给他们很多鸡肉，他认为这些鸡肉占用太多冰箱的空间。连续好几个星期，他们一再为同样的问题争吵，但是冰箱仍未解冻。最后，我们深入探讨，找到了问题核心。她在他搬进来之前就买了冰箱，她觉得他不尊重她的物品；在她看来，如果没有妥善维护，冰箱就会坏掉，而他们买不起新冰箱。他却对金钱保持无所谓的心态，觉得他们都可以应付过去。当他真正了解到另一半的忧虑时，这个问题便解决了，冰箱里的食物终于解冻了。

» 利用前面"解决冲突的三个步骤"仔细剖析你们的争执。一个好的开始，就是为了争吵后向另一半道歉，接着检查一下哪里出了错。有一个不用再点燃战火却可以达到目的的好方法，就是说类似这样的话："我不想再提起这个话题了，但你为什么认为它无法控制呢？"或者"我们如何用不同的方式去处理问题呢？""我们能从中学到什么？"

有时候，我的女性案主们会说，她们的丈夫实在不善于表达情绪感受，尤其是愤怒，所以不可能有效地争吵。我通常会避开对性别的刻板印象，部分原因是我曾遇到过许多善于表达情绪的男性，以及"不触及自我情绪感受"的女性，但主要原因还是半斤八两法则。几乎每位抱怨另一半使用避免生气策略的女性，自己也会使出类似的策略。通常，批评另一半比承认自己有问题要容易得多。

小 结

- » 相比情绪爆发，逃避愤怒情绪可能导致更多问题。
- » 逃避愤怒情绪的非建设性策略包括：疏离、合理化、忽略与避而不谈。
- » 只有在情绪发泄之后，伴侣才具备有效争吵的条件。
- » 虽然吵架时令人不舒服，却提供了解决存在已久问题的机会。
- » 如果争吵于事无补，往往是因为解决冲突的三个步骤——探索、理解、行动的其中之一被忽略了。
- » 争吵以及重归于好，是让你们彼此联系最有利的方式。此时，你们是不是该好好吵一架，以证明你们有多么相爱？

练 习

如何诚实面对情绪感受

伴侣曾认为自己很诚实，也会对对方诚实，除了一方可能伴称新买的家庭剧院设备比原价便宜一点，而另一方忘了提及好友单身派对上的脱衣舞男之外，很少有严重的错误。但是一涉及情绪，规则就改变了。我们常常为了维持和谐，或不想让对方难过而说些善意的谎言。你有多久惯性地说"没问题""我当然不介意"或"没什么"，然而事实上你的意思却完全相反？有一对夫妻常常吹嘘"我们任何事情都可以告诉对方"，但实际上几乎只字不提。虽然说实话与听真话都很令人害怕，但是情绪上的诚实可以让你们的关系更加有弹性和韧性，并避免关系变得枯燥乏味。

学习说出你的情绪感觉

我的许多案主宣称他们没有太多情绪感觉，但实际上是因为他们并没有彻底觉察自己的感觉。当我要求案主尽可能写下情绪感觉时，有些人一脸茫然。但是当我拿出活动挂表时，不一会儿便填满了。

» 你能列出多少种情绪？在纸上尽可能写下你知道的情绪，并且试着多写一些。

» 审视你的情绪范围：情绪可以分门别类，把你认为同一类的情绪圈出来并放在一起。我认为情绪大概可以分为七大类：震惊（包括惊讶、困惑、诧异），生气（包括盛怒、愤怒、挫折、恼怒、激怒、不耐烦），悲伤（包括悲痛、失望、创伤、绝望），恐慌（包括焦虑、担心、不安、慌张、嫉妒、罪恶感、羞愧），爱（包括接纳、钦佩、欣赏、感激、安心、同情、怜悯），厌恶（包括轻视、不屑、反感、藐视、嫌恶），以及快乐（包括喜悦、成就感、满意、愉悦、满足、乐趣）。然而，你也许能找到更多类别，或者也可以决定将一些情绪归属到不同类别，无所谓选择的对错。

» 了解情绪的复杂性：这些情绪中，许多看起来似乎是负面的——事实上，有五类——而"爱"与"快乐"经常在我们最初的脑力激荡中被忽略。进一步分析，有些情绪是中性的，比如"震惊"。负面情绪也可能会有正向角度，例如嫉妒总是伴随着热情。同样地，正面情绪也有不好的一面，例如钦佩有可能变成盲目的崇拜。

» 记录心情日记：连续一星期，只要有空，就赶快记下你所体验到的任何情绪；可以是在火车上、下一个约会延后时，或看着孩子玩时。写下你的所有情绪，尤其是不舒服的情绪。这是私密的日记，所以要诚实面对自己的情绪。你不需要为这些情绪做任何事，只要意识到它们，并练习写下它们。

» 大胆去做：每一类情绪都有轻微与强烈之分。不确定自己的情绪为何时，我们会企图低估它的影响力，以免自己不胜负荷。但是大多数人对这些情绪的感觉，都比初次描述时强一些。举例来说，下次记录你生气时，更诚实一些，并且探索隐藏的情绪，譬如焦虑、失望或挫折。

回头审视这些情绪类别，问问自己：我是否经历过每一类情绪？如果某一类情绪特别少，了解原因是什么，这很重要。对于你的父母而言，体验这些情绪是很困难的一件事吗？为什么你也抑制了这些情绪？在日常生活里刻意寻找这些情绪，就算程度轻微也没关系。例如如果你很少感受到"爱"或"快乐"这类情绪，那你就把小小的愉悦记录下来；如果你看到一朵美丽的花，或对报纸上的漫画会心一笑，请写下"开心"或"满意"。

区分情绪与想法

仅是以"我觉得……"当作句子的开端，例如"我觉得你错了"或者"我觉得你失常了"，无法让人诚实面对情绪。这样的句子无法告诉我们这人的情绪究竟为何。我们会猜测它的含义可能是失望，但也有可能是挫折，甚至是轻蔑，说话者只表达了一种意见。

» 情绪常常源自身体——我们会有生理反应：胸部一阵紧缩、胃部下垂、心跳加速、发抖。
» 想法来自脑袋——所谓想法就是意见、概念、判断与信念，来自脑袋并不会减损它们的可信度，但它们不是情绪。

变通情绪

在日记里确认并写下情绪，然后向你的伴侣表达这些情绪。

» 拥有情绪。是"我觉得……"而不是"你让我觉得……"。例如"每次你把塑料瓶放在后门旁，要我放进垃圾桶时，我就觉得生气（火大、挫折……）"。而不是"你的轻率、不体贴让我生气"。抱怨的内容越明确，就越不像是人身攻击。毕竟，改变行为——把塑料瓶拿到户外——比改变人格容易得多了。

» 通常，只要承认自己有情绪，就不会那么紧张。某些情况下，你甚至不觉得需要告诉伴侣。但是，如果你决定着手处理，请务必依循下一个建议。

» 以负责任的心态处理负面情绪。生气、害怕，甚至厌恶都没有关系，这是人性的一部分，这些情绪之所以恶名昭彰，是因为我们没有处理好。所以事先想好你想说什么，并去除任何"你让我……"的陈述方式。试着让每句话以"我觉得……"为开端。将你的感受告诉伴侣之后，也聆听对方要说些什么。

专注倾听

你期望伴侣专注倾听你的感受，你也要报以同样的尊重。

» 不要打断或试图低估伴侣的感觉，也不要告诉对方不要那样想。

» 接受对方所说的话，即使听起来很刺耳。有一个无须承担所有指责的负责任的处理方法，你可以说："我很难过你说我……"
» 切记：越能察觉情绪，生命就越丰富；你不仅更了解你自己，对伴侣也会越有同理心，并且有助于改善人际关系。

致力"解决冲突的三个步骤"

相爱却不相恋的伴侣总希望将彼此的分歧减到最少，或者尽快消除分歧。设计这个练习，是通过三个步骤来克服你们旅程中的障碍。

1. 拿出三张纸，在第一张顶端写下"探索"，第二张写下"理解"，第三张写下"行动"。
2. 选择你俩最近发生的一次争论或争执。
3. 要探索的是情绪，所以每当你们其中一人出现情绪时，就把它写在"探索"那张纸上。
4. 也要探索意见与信念："好爸爸会照顾自己的孩子。""好妻子不会在晚上出门。"把这些意见与信念也写下来。
5. 还要探索事实："我无法在7:15之前赶回家。""我们家里已经有10桶未洗的衣物，必须要有人去洗。"把最重要的事写下来。
6. 回头看看你的"探索"那一页。除了事实之外，确认其中有很多情绪字眼与信念。你能否针对这两类想出更多事情？
7. 有时候，一个可能的解决方案（写在"行动"页）可能会在对话初期就浮现。把这项发现写在相关纸页上，以免错失了，但是先回头填写"探索"页。
8. 接下来，拿起写有"理解"的那张纸。要理解的是事情为何会发生："我生气，是因为工作压力很大。""当我被忽视时，我不愿意发生性爱。"把这些写下来。

9. 信念总来自某处：我们的教养、信仰、大众文化或媒体，特别强烈的信念则来自我们的童年。你的教养如何影响你的信念？写下你的感觉。

10. 审视"探索"与"理解"页，想想看你要如何利用这些发现找到解决方案？

11. 对双方都有好处的解决方案最有效，例如甲方同意让乙方在回家之后享有5分钟清静，但条件是乙方晚上必须帮孩子洗澡，好让甲方可以休息。请确认这样的解决方案不会笼统，或难以检查，例如"更努力尝试"。在"行动"页上写下协议。你们甚至可以把它写得像合约一样："如果你同意……我就同意……"然后双方签名。

12. 一个星期之后，把"行动"页拿出来，看看你俩是否都遵守了协议内容。如果没有，拿出三张空白纸，写下标题，再做一次练习，探索你俩的感觉，搞清楚到底哪里出了问题，并且制订更好的行动计划。

如何面对被动攻击者？

1. 问问自己："为什么另一半不能直接坚持自己的权利？"一般来说，被动攻击是觉得自己无能为力者的选择。你的另一半有拒绝的权利吗？

2. 让隐藏的敌意浮出水面。质疑对方的轻易妥协："我不认为你愿意……"不要因提出质疑而心怀罪恶感，或让自己因生气或恼怒而道歉。
3. 避免误会。复述协议，设定确切的最后期限，并规定拖延就要罚款。
4. 一旦你表明立场，就一定要坚持到底。如果你的另一半老是迟到，而你已经告知，如果他/她迟到超过10分钟而没有打电话，你就要离开。如果不严格履行协议，将严重削弱你的威信。

如何停止被动攻击？

1. 请记住：生气是正常的。
2. 即使生气，你仍然是个好人。
3. 观察善用怒气的好处——既可以让事情得以完成，又可以矫正错误。
4. 了解你对生气的恐慌。最糟的情况是什么？你可以运用哪些策略，既能发泄愤怒，又能克服恐慌？
5. 年轻时派上用场的老习惯必须更新。不像小孩，无论他们喜不喜欢，都得上学，但你有选择余地。
6. 练习说不，可以减少许多被动攻击行为。如果你们吵架，至少你俩都知道在吵什么，而不是被情绪冲昏了头。
7. 当你感觉被呼来唤去时，告诉另一半。

步骤 3　共同的目标

"你认为我们之间发生了什么事?"
"还好啊!我不知道。"
"我正努力改善问题。我爱你,我愿意做任何事让我们变得更好。"
"我知道。"
"我想跟你好好谈谈,但你一直在绕圈子。你到底要我怎样?"

在大部分的长久关系中,彼此都不缺乏爱,但不知为何,就是无法传达给对方。难怪有一半的人最后觉得没有被爱。目标越明确,就越能产生美好的爱的沟通。

第5章

相同的爱的语言

如果你想与日本人沟通,可能会请翻译,或是学习日本的语言与文化。然而,当我们恋爱时,却理所当然地以为对方对爱情的认知跟我们完全一样。在亲密关系的初期,也就是情感最热烈的时期,两人的分歧并无大碍。我们所有的注意力都在所爱的人身上,殷切的关注让我们随时能抓到对方爱的语言。

蜜月期之后,当养家糊口等现实问题介入爱情,问题也随之而来。这时候我们就会退回到自己习惯的语言种类,只是偶尔使用第二种语言。如果对方使用跟我们相同的爱的语言,就不会有问题,然而有个陷阱,事实上有很多种爱的语言,我就发现了五种。那么,如果你使用了一种爱的语言,而伴侣使用了另一种,该怎么办?

前来寻求专业帮助的凯瑟琳与菲利普这对夫妻，正是这种沟通不良的典型案例。从几场激烈的争吵中可以清楚地看出他们之间有种非常特殊的情感联结，但是他们都不再感觉被爱。当我问他们如何表达对彼此的关爱时，凯瑟琳说，在生日或圣诞节之前好几个月，她会为了买到最恰当的礼物而遍寻各家商店，然后用漂亮的缎带包装起来，最后把礼物藏在秘密位置。菲利普则以赞美凯瑟琳的外表展现他的关爱，并且每天都对她说"我爱你"。两者同样都是表达爱意的好方法，只不过这两人私底下都希望对方能使用与自己相同的爱的语言。结果，当他只给她一张生日卡与钱，要她自己去买生日礼物时，她感觉糟透了；他则闷闷不乐，因为她从不曾轻声说些甜言蜜语。难怪他们之间会有沟通不良的问题。

相爱却不相恋的伴侣所碰到的僵局，当然也可能是因为使用不同的爱的语言。当其中一方失去恋爱感，另一方仍在恋爱中，因此对于所发生的情况感到难以接受。"恋爱中"的一方可能需求都得到了满足，却不知道自己并没有使用对方习惯的爱的语言，因此对方不觉得自己被爱。为什么会这样？令人遗憾的是，我们都以为另一半对于爱的需求与我们一模一样。这是很自然的假设，却极具毁灭性。在其他夫妻之间，其中一方会尝试很多种表达爱意的方法，却仍然无法传达爱意。42岁的野生动物保护组织主管爱丽丝再也不爱与她相伴了17年的伴侣贾斯珀了。本来贾斯珀还发誓尽一切努力挽救他俩的关系：他开始帮忙打理更多家务、殷勤赞美，并且试着在两人关系上更用心。"我不知道爱居然这么累人！"当他开始接受咨询时，如此抱怨。更糟的是，爱丽丝仍然不确定自己是否爱他。"我想，她希望我变成另一个人。"贾斯珀说,"我不知道我是否做得到,或者是否愿意如此。"他不仅没有表达出依恋之情,所做的努力也事与愿违,和另一半渐行渐远。对贾斯珀而言,解决办法并不是更努力地乱枪打鸟,而是少做一点,但目标要更明确。

爱的五种语言

过去二十年,我观察到许多表达爱意的方式,大致可分为以下五种:

创造优质的相处时间

这可以包括躺在彼此臂弯里看电视,或是出国共度浪漫假期。如果另一半花太多时间在朋友、爱好或工作上,有些夫妻可能会受不了。他们最可能出现的抱怨包括"我们都不再一起做些有趣的事了",或"你有时间陪别人,就是没时间陪我"。他们认为对方做得最过分的事,就是为了工作而延后两人的约会或全家出游,或者因为朋友临时需要帮忙而取消活动。

如果这是你的另一半:

> 当对方意识不到花时间陪伴侣的重要性,一名慷慨大方的伴侣会选择让对方也能得到乐趣的活动。就算你们约会的内容牵涉到某件你不那么喜欢的事,你也要很有风度地配

合，因为这会给你加分。当你们相处时，请把注意力全部放在对方身上，分享你们的时间以及想法。你们可以针对共同参加的活动诉说感想，或者分享这个礼拜以来发生的私事。

关爱行动

有时候关爱行动可以是基本的伙伴任务，例如赚取充足的薪水或是把家务操持好，但是关爱行动通常更加亲密：一起做饭、帮另一半打扫工具间，或者开车送对方的姐妹赶凌晨3点的飞机。透过关爱行动来表达爱意的人最有可能说："行动胜于空谈。"对他们而言，另一半最过分的事莫过于没有履行承诺。

如果这是你的另一半：

> 自从赚取薪水与操持家务都被视为关爱行动，特别是一般人倾向把另一半妥善照管家庭视为理所当然——可悲的是很多人视而不见——代价就提高了。因此，请找出你的另一半至今没有想过的特别的事情：去洗车、在家庭电脑中安装新杀毒软件，或者做一个蛋糕。这些行动若是你平常不太会做的，一旦做了对方就会很感激你。如果你不太确定对方会认为什么事情算是关爱行动，就倾听对方的抱怨。当下你可能会觉得很烦，那就找个机会把它转变成一种爱意的表达。对方也许抱怨浴室脏乱，那么，你就将浴室打

扫干净，买几根小蜡烛，再替对方放好热腾腾的洗澡水。

充满感情的肢体接触

看到这个标题，你可能立刻就会想到性爱，但是拥抱与自发性的亲吻往往更重要。喜爱背部按摩的人最可能说："来这里，让我亲一下！"当然了，这些人最生气的，是对方因为在忙别的事情而把自己推开。

如果这是你的另一半：

> 充满感情的肢体接触在不涉及性爱时最有用，极度兴奋的力量可以凌驾一切。当你领着另一半穿过房间时，把你的手放在她的后腰上；当你们一起看电影，轻轻搓揉他的手背；或者你们在走廊错身而过时，在对方额头上飞快地亲吻一下。这些纯粹表达爱意的方式都无关性爱。使用这种语言，回应尤其重要，所以不要害怕询问对方喜欢哪些肢体接触，或者哪些感觉不舒服、哪些时机不对。

感激的话语

喜欢写情诗的人都属于这一族群，他们希望全世界都知道自己的伴侣是特别的，所以会在KTV点播"Angels"这首歌给"生命中的挚爱"，或者情人节当天在报纸上刊登求爱广告。他们最有可能说"我爱你"，如果对方不领情："你只是说说而已……"他们会很难过。

如果这是你的另一半：

> 对这些人来说，赞美很重要，他们希望另一半能鼓励他们，让他们越来越好。他们不光是在工作上需要得到赞美，在处理家务与安排一场社交活动时，也同样需要赞美："谢谢你选择这么有趣的一出戏。"或者"你刷油漆时，最后一层涂得很平整呢！"要确定感激的话语跟你的肢体语言一致，当你对另一半说"我爱你"时，请直视对方的眼睛。这些人也很乐于赞美另一半，所以请大方地接受他们的赞美。一开始你可能会试着闪躲："这没什么！"或者"别人不也是这样做吗？"请用最简单也最有力的语言回答："谢谢！"

送礼物

无论是一串昂贵的珠宝，还是在回家路上买的一盒巧克力，送礼物者都喜欢给另一半惊喜，并且会花很长一段时间精心准备。他们最有可能说："我看到这个就想到你。"他们认为对方最过分的，就是不懂得感激，或者回绝："我根本不需要这个东西。"

如果这是你的另一半：

礼物是爱的一部分，而且是婚礼仪式的重心。然而，今日的文化拘泥于礼物的价值，而忘记了礼物真正的含义：这是表达"我一直都想着你"的方式。从杂志剪下一张图片来亲手制作一张卡片，效果可能是重复购买同款香水的一百倍。送礼物也不需要等待特殊时机；送许多的小礼物，会让对方被爱的感觉更强烈。万一你天生不会送礼物怎么办？首先，寻求别人的建议——无论是询问了解另一半品味的人，还是商店售货员，都可以。其次，观察对方平常送什么类型的礼物，这可以给你一点线索，帮助你找到对方可以接受的礼物。

身体力行

彼得与伊莲在一起两年了。他俩都知道彼此有点不太对劲儿，却不愿意面对问题，因为他们害怕面对真相。终于，度过了气氛紧张的圣诞节后，伊莲抱怨自己感受不到被爱。这一切都根源于彼得之前的婚姻，他的妻子于五年前过世。伊莲觉得，虽然她并不想与他死去的妻子竞争，但总觉得自己像是排在第二位。彼得却一直坚称深爱着她，但是她抱怨："行动胜于空谈，证明给我看。"她说得越多，就越能看出她的爱的语言指的是关爱行动。所以我向彼得解释这个概念，他离开时若有所思。

过了一个星期，这对夫妻带着微笑来我办公室。"我从全新的视角注视我的房子，结果发现屋内摆了好多我前妻的照片，每个房间至少有一张，有些房间里甚至更多，就连我们的卧室里也有。"彼得说，"我不需要时时注视她的脸，她一直在这里。"他指着自己的脑袋。彼得把照片从床边拿开，也收起其他房间前妻的照片，只在他的书房与客厅各留下一张。这个关爱行动确实打动了伊莲。当她发现他的举动时，她不仅觉得被爱，并且还用他的爱的语言（感激的言语）来回应。"我知道这对你来说并不容易，"她告诉他，"但是我真的觉得你已经了解我了。"

我们前面提到的爱丽丝与贾斯珀，经过前几个星期痛苦的婚姻咨询后，终于在爱的语言方面有所突破。在解决冲突七步骤的争论期间，爱丽丝屡次抱怨他们相处的时间太少。贾斯珀则回应他的工作有多么繁重，并且他们最近才一起去看过电影、外出吃饭，并共度了一个夏季假期。当我提出爱的语言这个议题时，贾斯珀立刻发现共创优质相处时间是爱丽丝的爱的语言。于是他挑了一个不忙的日子，无预告地出现在爱丽丝办公室，带她去共进午餐。当贾斯珀不得不把工作带回家时，他会稍作休息，和爱丽丝一起看会儿电视。以前爱丽丝看电视时，他总是在书房打游戏。爱丽丝开始觉得真正被爱："他会洗衣服，做其他的事情，但我真正感激的是他带我去吃午餐。你应该看看当他陪我走回办公桌时其他女孩脸上的表情。"贾斯珀把精力投注在对爱丽丝最有效的爱的语言上。

本章一开始提到的凯瑟琳与菲利普，也开始使用对方的爱的语言。他开始带鲜花回家，而她也会开始自发性地说"我爱你"。事实上，就是凯瑟琳与菲利普使我开始了解"爱的语言"这个概念。二十年前我刚开始执业时，还毫无头绪，直到我的主管——他似乎对我的案主的问题有一种直觉的理解——建议我询问这些夫妻有关送礼物的情形。在和凯瑟琳与菲利普的下一次咨询会谈中，我立刻就有了突破。后来我便开始把这个概念运用在其他夫妻身上，并发现了表达爱意的其他方法。

在研究这个主题时，我很惊讶地发现，其他人也做出过类似的结论。我发现了一本书，名叫《爱的五种语言》，是在美国主持婚姻研讨会的盖瑞·查普曼写的。他使用的名称和我略有不同："关爱行动"变成了"服务举动"，"感激的言语"变成"肯定的言语"，"充满感情的肢体接触"变成"身体碰触"。然而，基本上概念是相同的。

如何找到你们俩的爱的语言？

许多人可以立刻辨认出自己习惯的爱的语言。如果你不甚确定，请你完成以下两个句子："我最觉得被爱的时候是……"与"我最常抱怨我的另一半从来不……"第二个句子特别能透露信息，因为我们所抱怨的，往往就是我们最渴望的。若想发现另一半的爱的语言，请想象另一半会如何完成这两个句子。

另一个有用的方法，是观察你的另一半在成长过程中是如何表现爱意的。有些人使用一种爱的语言，是因为那是他们童年时所听到的，而有些人则是渴求他们所不曾拥有的语言。在本章"爱的卡片"练习中，我们会谈到更多关于如何找到彼此的爱的语言的方法，以及学习如何使用它。

倒带的爱的语言

如果另一半的爱的语言是急着要重建依恋之爱，而你跟不上速度怎么办？罗伯特的爱的语言是关爱行动。当他的另一半伊丽莎白忘了拿回送洗衣物时，事情变得不可收拾。他告诉她："这正好显示你有多么不在乎。"伊丽莎白的爱之语是共创优质相处时间，她认为他每件事情都小题大做。她因为不了解罗伯特的爱之语，因此无意间触怒了他，就像不了解日本文化的人，如果拿到一张名片时没有仔细看一眼就收起来，便会被视为无礼。这些简单的误会有可能使夫妻之间美妙的时刻瞬间变得难堪。

华盛顿大学心理学教授约翰·戈特曼把一栋特殊的公寓布置成一个研究夫妻关系的实验室。当自愿参加实验的夫妻进行"自然的"互动时，他观察他们，并且在这些夫妻讨论冲突议题时，观察他们的生理变化。他表示可以94％的准确率预测哪些夫妻四年之内婚姻幸福或者悲惨，甚至离婚。他发现，幸福夫妻彼此间正面与负面关注的比例是5∶1；换句话说，若有一句批评，就有五句赞美；如果让对方失望一次，应该就会有五次让对方满意。可惜的是，我们以为一个好行为可以抵销一个坏行为，但是戈特曼的研究显示，我们的自然本能完全不是这样运作的。这就是为什么锁定另一半的爱的语言很重要。第一，它有助于促进彼此间的正面互动，建立依恋；第二，它可以避免无心的负面互动；第三，当你必须与另一半"和好"时，关注彼此的爱之语往往可以找出最恰当的和好方法。

无法有效沟通的原因

不只是爱难以沟通，有些案主甚至会走到几乎动辄得咎的地步。这些伴侣并非故意要触怒对方，他们甚至开始谨慎遣词造句，但最后还是免不了把气氛搞僵。究竟出了什么错？如何找到帮助？

马丁与杰姬吵了起来，因为杰姬用完汽车后没有去加油。"是我干的吗？"马丁问，"我只不过问了一个简单的问题。"但是杰姬对此则有截然不同的感受："他冲着我来，指控我，火力全开。"他们互相攻击，度过了很不愉快的一晚，两人各据沙发一端，对事件的诠释完全不同。杰姬认定他有攻击性，马丁则认定她小题大做。

中立的观察者一定会很惊讶，这点小事居然会让彼此反目。但是要了解的第一件事是：马丁与杰姬都不是中立客观的人。两人都通过彼此共同的经历、过去的个人经验（可追溯至童年时期）以及固有的既定假设来看待这场争吵。就是这些假设破坏了良好的沟通。

所以当马丁与杰姬在咨询室提起这件事时，我要求他们把对话重复一遍，但这次我会适时介入，帮助他们发现隐藏的假设。

马丁率先说："我是说，'为什么你用完车子后不去加油？'"

杰姬正要开口，但是我制止了她，过一会儿再轮到她说。

"这件事为什么那么重要？"我问。

"早上去加油会浪费很多时间，加油站总是排很长的队。15、20分钟很重要，会影响我准时上班。"马丁解释。

"你知道这件事吗，杰姬？"我问。

"我知道如果他太晚出门就会堵车，"杰姬说，"但是我不知道加油站会大排长龙。"

"我以为你知道掌握时间有多重要。5分钟都会有很大影响。"马丁回答。

我已经找到了第一个假设。

"如果你一回家就跟我说，'噢，对了，车子快没油了'，影响倒不会那么大，因为隔天早上我可以早一点出门加油。"马丁说。

"你有这样告诉她吗？"我问。

马丁只好承认他没有，他以为杰姬知道这个变通方法。这是第二个假设。接下来我请杰姬重述她回答马丁有关加油的事。

"我对他说，'你不需要对我发脾气'。"

"你听起来似乎很难过。你为什么认为他在对你发脾气？"我问。

"他是在指控我懒惰，连加油都不愿意。"杰姬回答。

"你认为杰姬很懒惰吗？"我问马丁。他摇摇头。杰姬刚刚假设了这个指控——这是第三个假设。

短暂讨论了杰姬的童年后，她承认她父亲很爱批评人，常常抱怨她不够努力。他常常以一个看似简单的问题，询问她在学校里的情形，但很快就会变成说教，训诫她该如何努力。

杰姬承认童年经历使她对于批评格外敏感。"马丁并不是用现在在你办公室的这种平和语气问我车子的事。"

"他当时怎么说的呢？"

"他的语气很凶。"

事实上，90%的沟通都不是通过文字、话语发生的，尤其当我们身处压力中更是如此。马丁的语气、手势以及表达方式，都加重了文字、话语的力量，远超他的本意。

由此可知，一场简单的对话里隐藏着多少假设，而我们无意识的肢体语言又使事情更加复杂，夫妻能良好沟通简直就是奇迹。所幸，爱与善意通常能化解任何误会。如果保持这种想法，假设便具有正面意义：她可能是要赶回家看最爱的电视节目；他一定度过了工作压力很大的一天。相反，杰姬与马丁的假设却都是负面的。其中一方对于看似不重要的小事吹毛求疵，这往往是爱恋消失的早期警告。对于相爱却不相恋的夫妻来说，从前平顺的沟通很快就被负面假设牵绊，从而加剧其中一方想离开的欲望。你要如何防止隐含的假设阻断你们的沟通？

三段叙述法：当你……我觉得……因为……

会产生假设，是因为我们没有给另一半足够的信息。这就是为什么三段叙述法会很有效。以马丁的例子来说，就会像这样：

当你（没有把车子的油加满），我觉得（很生气），因为（我早上没有时间，若还要去加油很可能上班会迟到）。

三段叙述法的美妙之处在于，它的目标明确，让人没有假设的空间。

杰姬明确地知道马丁的感受，因为他已经明白告诉她。她不再需要依赖他的肢体语言来判断，而且不再假设他的情绪会比生气更严重（例如愤怒），因为他已经明白告知他的感受。在三段叙述法中，"当你……"的部分可让事情明确。杰姬知道是某个特定行为让马丁有这样的感受，而不是她这个人让他有如此反应。她终于知道造成马丁这些感受的确切原因，并且可以看出其中不隐含道德判断。虽然三段叙述法一开始看似刻意，但它就像所有的两性互动技巧一样，最后都会变成自然本能。在练习部分，会有如何把三段叙述法融入日常生活的建议。

小　结

» 表现爱意的方式主要有五种：共创优质的相处时间，关爱行动，充满感情的肢体接触，感激的话语，送礼物。

» 迷恋的力量意味着伴侣们同时使用这五种爱的语言：他们不仅想共度优质的相处时间，而且分分秒秒都想在一起；双方都寻找一些小举动来表达自己的关爱；他们不想离开对方；往往自然流露出赞美；他们会送卡片或是自己挑选礼物，只为了单纯的乐趣。

» 当迷恋消失，双方都会退回到自己熟悉的某一种语言，也有可能是两种，并且期望对方也使用同一种语言。

» 谨慎地锁定目标可以避免误会与非故意的怠慢，并且把能量导入最有效率的沟通模式。

练 习

爱的卡片

这个练习可以通过轻松随意的方式，帮助你发现自己的爱的语言，并且与另一半分享这个概念。

1. 准备一叠索引卡或空白明信片，分别写上五种爱的语言的名称：感激的话语、送礼物、充满感情的肢体接触、关爱行动、共创优质的相处时间，直到整叠卡片都写完。如果你表现爱的方式不属于这五种，请写在另一张卡片上。接下来，为另一半也制作一套卡片。有个小诀窍：用不同颜色的笔，以防搞混了。
2. 找一个好时机，最好别在气氛紧张时做这个练习，因为这个练习需要做到诚心诚意。
3. 让这个练习听起来有趣好玩。每个人都害怕听到"我们需要谈谈"这句话，我们往往都把这句话解读为"我抱怨的时候，你必须注意听"。把这些卡片描述为一个游戏或谜语，目的是"帮助我们更了解彼此"。你也可以解释这个练习不需要花太多时间。曾有夫妻在几分钟内就完成这些爱的卡片，有些夫妻则花了所有咨询时间来讨论这些卡片的内涵。你们可以自己决定。
4. 将卡片交给另一半，请对方把卡片摊放在桌上，按照表达爱意的重要性依序排好。当另一半这么做时，你也可以排列自己的卡片顺序。毕竟，如果某人紧盯着你的举动，你也会感到不自在。
5. 要求对方举例。每个人都很容易立刻针对对方的选择加以评论，但首先必须确认你了解它们。例如如果另一半的第一选项是共创优质的相处时间，问问对方特别享受哪些时刻。你也可以说说自己最钟爱的相处时间，并且确认你们指的是否是相同的事。审视每一张卡片，要求对方多举例子。进行最后几个选项时，另一半可能会想不出例子，毕竟要为我们认为不重要的事情举例，确实不太容易。

6. 分享你的例子，轮到你为自己爱的卡片举例时，尽量保持正面思考。记住，这是关于你喜欢做什么，而不是你不喜欢做什么。孩子们对于赞美的反应是最好的，你的另一半也是。

7. 比较你俩的回答。讨论你们各自爱的语言的排序有哪些不同，有哪些相似之处？如果你知道为什么某种语言对你而言特别重要，请与对方分享，例如："我来自一个彼此不拥抱的家庭，所以……"别担心你们的优先顺序不一样，下一步骤有助于解决这个问题。

8. 学习使用对方的语言。记住，我们表达爱意的方式，也是我们想要接受爱意的方式，所以试着多使用对方最喜爱的语言。如果你的另一半对你失去爱恋的感觉，这个举动格外重要。问问对方："我做哪些改变会特别让你高兴？"这些任务应该尽量具体，并且易于确认。如果另一半的优先顺序是共创优质的相处时间，就订出每个月一起外出用餐一次的契约。把事情打点好——决定由谁来订餐厅及联络保姆。若希望这些改变持续下去，要保证这些改变对双方都有好处，所以你也可以使用你的爱的语言来要求某件事。

如果你们的关系一路走来都不甚平顺，那么可以将这个练习稍加改变，依照你们期待的优先顺序重新调整这些爱的卡片。我曾经帮助过的一对夫妻是把送礼物列为第一选项。他们解释，这是让他们感到安全感的唯一爱的语言。当我们审视他们对未来的希望时，送礼物的排名往下滑，而充满感情的肢体接触的重要性却逐渐提升。

检测爱的语言

问自己下面的问题，并且回想你最后一次使用每一种爱的语言的时间。

1. 我最近一次赞美另一半是什么时候？
2. 我最近一次既不是因为过生日也不是因为特殊理由而给另一半送礼物是什么时候？
3. 我最近一次和另一半单独约会是什么时候？
4. 我最近一次用温柔关爱的方式碰触另一半，而不当作性爱前戏是什么时候？
5. 我最近一次在不需对方开口要求的情况下，帮另一半做家务是什么时候？

如果答案是过去几天内，请给自己一个欣慰的拍肩鼓励；如果答案是上星期，也算好；答案是上个月，也没关系。如果某些问题的答案是超过一个月，或者无法正确回答，试着使用相对应的语言，用崭新的方式表达你的爱意。

三段叙述法

在即将爆发冲突的时刻，对于双方来说，暧昧不明的话语都可能隐含许多假设，因而使得彼此几乎无法清楚沟通。三段叙述法的设计便是为了尽可能公开最多信息，以及避免没有意义的争论。不要略过这个练习的任何部分或即兴改编，只有遵照以下顺序时，才会最有成效。

（1）当你……（2）我觉得……（3）因为……

很少人能自动把想法分解成三阶段的叙述，这个需要练习。请依照下列步骤：

1. 回想上次你有话要说，但说出来却完全走样的时刻。
2. 依照上述结构，完成各段，例如："当你忽视我的时候，我觉得被羞辱，因为我正试着尽我最大努力去改变。"
3. 试着从过去经验中回想四个例子。
4. 现在想一想你目前需要沟通的事情。这件事并非只针对另一半——三段叙述法对于敏感的青少年或同事也很有效。
5. 写下上述的句子结构，并且再度完成各部分。
6. 问自己："这个叙述是否既清楚又明确？我是否需要再加点什么？"如果需要补充，请做必要的改变。
7. 将完成后的句子复述几遍，有助于你顺利流畅地与对方沟通。

步骤 4　亲密的游戏

"我们似乎不再一起做些只有我们俩的活动了。"
"每次我想拥抱,你总是把我推开。"
"我指的不是性爱。"
"我干吗没事找事?"
"至少我们对这件事的意见一致。"

当两人关系进展开始减速,第一个消失的往往是乐趣。但是,若想要真正亲近彼此,而不是像共同维持家庭或抚养孩子的同事,那么你们就需要通过游戏来重新联结。

第6章

如何促进真正的亲密感

每个人都喜欢亲密感。为什么亲密感这么不容易掌握？结果让许多夫妻觉得彼此像朋友而不是恋人。通常的借口都是现代生活压力太大，侵蚀了我们与另一半相处的时间，但这只是部分原因。亲密感和性一样重要。当我们满脑子想着业务排名、业绩表现与任务交差的同时，也试图让感情的亲密感达到目标。性爱也许可以被简化为"次数多频繁""时间多持久"的统计数字，但是亲密感可没这么乖顺。此外，在性爱的淋漓激情中，我们很容易以为自己与对方真的很亲密。男性特别容易把性爱与亲密感混为一谈，就算性爱流于形式且未获满足，他们也会认为婚姻没问题。但就算肉体满足的性爱也可能使双方觉得孤单寂寞，甚至还会私底下怀疑彼此关系是否有改善的可能。

找我咨询的那些对婚姻失去热情的夫妻都不会抱怨他们的性生活。但他们通常会回避问题，只回答："还不错。"再多问几个问题，就会发现他们之间是彬彬有礼的性爱，而不是亲密的做爱。帕特里克是一名29岁的教师："我的快乐就是带给凯西快乐。"这没有什么错，但是帕特里克太过体贴，以至于他无法诚实面对自己的需求，"我偶尔想尝试稍微不一样的，例如在淋浴时做爱，但是我什么都没说。凯西对这种事会做何感想？"帕特里克与凯西很担心会让彼此不开心，所以常常自我压抑各自的需求，久而久之，他们的性爱就变得很无趣。更糟的是，他们无法讨论这些问题，彼此的距离便越来越远。

究竟什么是亲密感？如何重新找到亲密感？亲密感有三个主要构成元素：不怕受伤害、良好的言语沟通以及身体的亲近（性爱可能只占30%）。让这些重要元素保持平衡，那么你就会一直觉得被爱且被需要。

不怕受伤害

不怕受伤害指的是保持开放心态，勇于吐露有关你自己的事情。这通常也是最难达成的亲密品质，因为我们对于受伤害的恐惧，几乎与我们对于亲密的渴望同样强烈。所以我们有所保留，筑起了藩篱，当作对抗痛苦的安全措施。在关系发展初期，这种"一脚踩在里面，另一脚踩在外面"的自我保护手法是很自然合理的。我们以为问题在结婚之后会得以改善，但我们往往变得更加害怕。从共同经营家庭与养儿育女的生活中，另一半已经知道我们的许多缺点与优点，如果再多分享一些，感觉就像整个人要被吞噬了似的。而且，如果你跟某人很熟，万一被拒绝，感觉会很伤感情，因此我们筑起高墙。

良好的言语沟通

就连在关系开始之初善于沟通的夫妻，也会发现这项技巧渐渐消失了。在恋爱初期，两人可以聊个没完没了：从贝壳到莎士比亚，分享一切。然而，在日常生活的压力之下，沟通已经被减缩为最基本的形态，只在厨房擦身而过时，询问对方："你几点会回家？""孩子需要缴学费"。虽然这种简短的对话很有效率，却无法包含像热恋期对话中的丰富细节。在信息不足的情况下，我们开始形成假设。我们没有注意到另一半的品味已经悄悄改变，我们的想法需要更新。更糟的是，我们可能为了避免争吵而压抑情绪，借以确保家庭和睦。但是，这些情绪感受并不会消失，转而变成怨念，因而更加危害良好的沟通。

身体的亲近

身体的亲近呢？当你表达意见时，不经意地碰触一下对方的手臂；看电视时，轻抚对方头部；亲吻；长长的拥抱……听起来不错吧？这些小动作就像性爱一样重要，但是为什么许多夫妻在恋爱初始的激情过后，这些小动作就消失了呢？不经意的身体亲近往往被视为性爱的前戏，而不是单纯的愉悦，实在很可惜。所以，如果其中一方没有心情享受性爱，即使他们也许很享受当下的感官刺激，也会转身离开。毕竟,他们知道接下来会发生什么事。很快,这些夫妻就会被困在"有就有全部,没有就全部没有"症候群,除了在脸颊上飞快亲吻之外,其他亲密动作一律省略——除非想要全套的性爱。

这些问题对于40岁以上的男女更加严重,因为此时两性的性需求正处于非常不同的阶段。孩子比较独立的女性不再那么疲累,她们感觉较好,有更多自己的时间,而且很自信。男性的情况则相反,他们对于自己是否能让伴侣达到高潮没有自信,所以常常谨守着自己这一侧的床铺,除非他们百分百确定性功能没有障碍。因此,关系长远的夫妻必须常常更新性爱互动模式。十年前看似舒服且安全的事,例如枕着彼此的手臂睡觉,如今可能会使你觉得理所当然。如果其中一方不得不经常主动要求性爱,可能会怀疑对方是否仍然觉得自己有吸引力。"虽然我们做爱时的感觉很好,"31岁的罗布写道,"我太太却很少觉得有'性致'。我知道我们都很忙,工作、孩子等等,但是我很努力。我知道她在乎我,但是她仍然想和我做爱吗?"

性爱活动就像爱情一样,随着一对夫妻经历"幸福关系的六个阶段"(请见第2章)而改变。许多夫妻都指出,当迷恋最炽热的时候,在合二为一期间,两人的性爱刺激感很强烈,性爱活动很频繁,而且往往很持久。这段时间最大的愉悦之一,就是逐步探索彼此的每寸肌肤,仿佛在对方身上昭示主权似的。"我几乎想爬进他的体内,"杰姬解释道,"而且我们至今仍打趣说,当我们拥抱时,我像是要钻进他腋下似的。"这种强烈的分享可以把任何可能的性功能障碍化为不重要的小事,而且这种分享会被当作黄金时刻永远记得。对于大多数夫妻来说，这个阶段为一生的情感及身体亲密奠定基础。

在筑巢期间，性爱的频率会逐渐降低。然而，取而代之的是对于彼此好恶的更多了解，并且会有许多非性器官的接触与刺激。在自我肯定期间，也就是两人在一起的第三年与第四年，性爱最有可能成为问题，尤其是那些无法处理冲突的夫妻。在这个阶段，夫妻俩开始浮现对于情感的不同需求，但是有些夫妻宁愿转过身去关掉床头灯，也不愿意聊聊。未获解决的愤怒并没有消失，而是在两人之间筑起一道墙，把性欲压制下来（如果你是这样，请见第4章的"如何诚实面对情绪感受"练习）。有些处于自我肯定期的夫妻，允许彼此保持相对的独立性，反而会创造新的趣味。双方学习如何在性爱中给予并接受，可以避免让其中一方觉得自己老是亏欠对方。

第四阶段的合作期，是充满新鲜感的时期，许多夫妻也开始在性爱方面进行新的尝试。然而在这段时间，其中一方或者双方也有可能觉得筋疲力尽，尤其是生养小孩的夫妻。"苏太忙了，挤不出一点时间给我。"克利夫抱怨，"虽然我知道带4岁与18个月大的两个孩子并不容易，但我觉得老是被推开。"渐渐地，克利夫被拒绝的次数越来越多，以至于他再也不觉得自己具有吸引力，尽管苏再三保证她的拒绝不是针对他个人。克服这个问题的诀窍是，苏应该提出替代性的建议，而不是拒绝。这招对于克利夫与苏很管用。"我也许没体力来一场全心投入的性爱，但是我真的愿意先来一次背部按摩，"苏说，"我事后会回报他。"她也学会要求一张"日后兑现的支票"，答应会在周末时兑现做爱的支票。

到了适应期，也就是两人在一起15~20年时，大多数夫妻都表示性爱的频率降低，然而品质却更佳。不过，有些人对于自己与另一半的生理改变很在意，而且也很在意自己是否还令对方有欲望。针对这个问题，我会建议两个方法：把困扰人的事情藏起来，或者强调出来。我的一位性爱治疗师朋友就让一些非常在意妊娠纹的妇女与在意术后疤痕的男性，在妊娠纹与疤痕上彩绘。她发现这个举动有很多乐趣，而且往往可以有效重现夫妻间的互动。而且稍后当这些颜色褪掉（也许是一起淋浴时冲洗掉），这些夫妻都说这些疤痕其实没有那么醒目。相反的方法是：因为身上的疤痕而觉得自己不吸引人的那一方，可以把疤痕藏起来。起初可以选择厚一点的布料，然后慢慢地用较薄的布料替换，直到他们做爱时，只用一条围巾遮住疤痕；最后，这个人将会准备好再度坦诚相见。然而，这个人可以自由决定任何选择与时机。这个方法本来是为切除乳房的女性而设计，但也适用于任何在意自己身体特征的人。

两性关系的最后阶段是重燃爱恋期。原本通过性爱达到高潮的急迫性，如今已被越来越多的依偎、拥抱与爱抚所取代。较高龄的夫妻往往表示，他们达到了最高层次的平静与满足。

除了交往的第一年之外，在关系发展的任何一个阶段，都有沉闷无聊的问题，这通常是亲密感出现问题的早期预警。如果你们的问题是缺乏亲密感，那么解决的办法便是游戏——使关系重燃激情的第四步骤。在我们的孩提时代，游戏是生活的重心，也是学习与建立团队的途径，更是释放精力的机会。长大后，我们忘记游戏的单纯喜悦，许多人甚至放弃运动，变成观众，而非参与者。为什么游戏如此重要呢？第一，游戏可以同时捕捉亲密感的三种成分。良好的言语沟通与身体亲密接触是游戏显著的副产品，而在当下的兴奋刺激中，也让人卸下防备——没人会停下来思考自己看起来如何，或者是否很可笑。第二，游戏可重新唤回我们的创造性，这可以有效对抗沉闷无聊。

解决性爱问题的传统方法，是去买一本书，但是有关良好沟通与持久激情的书，大部分仍偏重于提供新的性爱姿势或改善性爱技巧。这种方法不仅把身体接触吹捧为亲密感的中心，也假设性爱能够轻易改善。然而许多夫妻从根本上缺乏性爱，尤其当卧室成为情绪战场时。这种方法也忽略了性爱中乐趣与嬉戏的重要性。这些性爱指导手册的最后一个问题是，它们往往采用"一招通用"的方法。我和这些相爱却不相恋的夫妻互动的经验告诉我，夫妻大致可分成三类：

» 性爱不频繁（也许一个月一次，或者两三个月才一次）。亲密感变成沉重的主题、争吵的根源，而且被简化为只有性爱。我针对这些夫妻设计了"通往亲密之路的12个中途站"练习，目的是要将亲密感置于整个关系的情境中；事实上，最初四个步骤是关于谈话沟通，而不是身体碰触。

» 模式化的性生活。有些夫妻虽然定时进行性爱，但是已经变成一种照表上课的任务，而不是真正亲密感与喜悦的来源。为了这些夫妻，我请教了一位专精性爱治疗的同事，她以极具创意且有趣的方法闻名。她相信愉悦是亲密感的重心，许多夫妻却因为匆忙的生活或生养子女的压力而忽略了这一点。她的治疗方式请见"愉悦原则"练习。
» 良好的性爱。虽然性爱令人愉悦，而且有些夫妻的性爱极为愉悦，但是从性爱中产生的亲密感并没有扩及两人关系中的其他层面，其中一方或双方仍然觉得孤单寂寞。我也为这些夫妻设计了"修复亲密感"练习。

以下三个练习都强调"游戏"，所以如果你不确定哪些练习最有用，请试着从中各选取一部分元素，融合在一起。如果几个星期后你们遇到瓶颈，或者开始恢复到旧有的模式，我会建议你们遵循"通往亲密之路的12个中途站"的每个方法，即使其中一两个方法太过基本，也请你们试试。

小 结

» 亲密感极为重要，可以防止夫妻变成手足关系。
» 即使双方都不愿意发生这种情况，性爱也会一点一点地变成两人间的最小公倍数，即成为简易的，或者双方都不在意的一件事。
» 亲密感与性爱活动会随着夫妻历经关系发展的六阶段而改变，挑战在于不断探索双方真正享受的亲密感与性爱。
» 性爱沉闷无聊的最常见原因就是缺乏亲密感。
» 无论夫妻在一起多久，游戏都至为重要，可以为双方带来令人满足的亲密感。

练 习

通往亲密之路的12个中途站

这是每星期完成一站的练习设计,但是可以在每一站停留至你们感觉愉快为止。如果你希望进行的速度快一些也无妨。然而,由于亲密感通常是慢慢从关系中消失,因此最好也是渐渐恢复。最好能让最初几站变成像本能一样自然,好让你们专注在后面几站时,不必多加思考前面几站。

如果能和另一半分享这个练习更好,但如果另一半把任何讨论都视为人身攻击,你也不必太担心,你可以独自探索"通往亲密之路的12个中途站"。你的行为改变会成为示范,创造敲门砖的效果。

1. 彼此肯定:赞美或恭喜对方把事情做得很好,对方很可能以为你有所求,但你只管微笑,重复赞美。
2. 抓住谈话的机会:回想你们热恋时如何详细诉说自己的故事,要求另一半也解释生活中的某件事。
3. 安排出时间,进行优质谈话:每对夫妻都应该常常思考自己希望从生活中得到什么、要迈向何处、有什么未实现的愿望,请卸下心防,开诚布公地讨论你们的希望与恐惧。这个练习的主要目标,是要为你们安排出足够的时间。如果只剩下工作、家庭与朋友之类的琐碎片段,两人的关系不可能亲密。请务必奋力保护两人真诚谈话的时间。

4. 吐露一个秘密：你可能对朋友掏心掏肺，但你是否对另一半也同样坦白？选择一件有关你隐私的事情告诉另一半。不必担心到时候是否都是你在坦白。你们的行动会像坐在跷跷板上，经过一段时间，你的另一半也会移动，变得更加坦诚。

5. 碰触另一半：重新把不经意触碰的举动带回你们俩的关系中。当对方开车时，轻轻抚摸他的手背；当她在看电视时，握着她的手；当他在使用电脑时，在他颈背上轻轻一吻。有时候一个轻轻的触碰抵得上千言万语。

6. 分享：带着一碗冰激凌与两支汤匙去泡热水澡。当我这样建议时，很多夫妻往往会笑出来，却喜爱这个建议。只用一个碗，毕竟这是关于分享的活动。试着喂彼此吃冰激凌，因为这会非常性感。要做爱也没问题，但要记住，这个活动也是关于坦诚以对，所以不必觉得非发生性爱不可。

7. 设定场景：仔细审视你们的卧室，它是否会浇灭激情？当我要求夫妻描述他们做爱的地点时，我听他们提到各式各样的东西，比如床边堆着一沓沓账单，宠物们睡在棉被里。来次大扫除吧！卧室应该是你俩热情的舞台，而不是垃圾场。让卧室尽可能温暖，光线柔和，蜡烛是不错的选择，并且把门锁上。最后，播放音乐增加气氛，也免除被听到的担心。

8. 放慢性爱的速度：培养亲密感需要时间。男性往往直接达到高潮，而女性有时候希望尽快完事，因此当我们急于驶离性爱高速公路时，亲密感便被遗留在路上了。你可以将对方的手放到你希望被碰触的地方，加上一点正面肯定："我喜欢你这么做……"改变姿势是放慢性爱的另一个方法，例如本来习惯在上位的女性，可以决定何时该居于下位。

9. 发掘新的敏感带：我们的敏感带在哪里？答案是：任何皮肤层很薄的部位，因为那里的神经比较靠近表皮；包括你的背部中央、手腕内侧、颈背、嘴唇外围。这就是为什么一点一点地轻咬对方嘴唇会比一般接吻更激情。

10. 省略性爱：性爱的亲密感是全身性体验，但性行为应该是一个非必要的额外选项。一旦你们可以不通过性行为而获得亲密感，就可以大大降低关系触礁的风险。即使你们可能累得没有做爱的心情，却很少会累到无法拥抱或彼此触碰。

11. 让双方共同负责要求性爱：老是主动开口要求性爱的一方，往往会觉得自己犯贱，更糟的是，因被拒绝而觉得对方对自己没兴趣。如果你很少主动，那么此刻就是你的机会。如果通常都是由你主动要求，那么你先忍耐一下，给对方主动开口的空间。

12. 进行新的尝试：试着为你们的关系创造一些新奇感。也许是在新的地点做爱，例如汽车后座、常有情侣约会的小路尽头；或者尝试不同的方式，例如一方穿着衣服，而另一方全裸。你们不需要做太大的改变，只要能让彼此知道双方都很重视亲密感即可。

愉悦原则

许多夫妻认为性爱是例行公事而非乐趣，他们都忽略了愉悦的丰富性。在状况最糟的夫妻身上，生活是一件非常严肃的事，一切轻松的事物几乎都被排除在外。对于许多夫妻来说，愉悦则只集中在一两件事上，但由于不断重复，愉悦感也被消磨光了。最佳的解决方法是直接进入这个练习的第一阶段：

1. 想想能带给你温暖感觉与真正愉悦的一切事物，并写下来。持续丰富这份清单，不管事情有多烦琐。在《曼哈顿》这部电影中，伍迪·艾伦所扮演的角色列举了使生命值得延续的事物：喜剧演员马克斯、美国棒球传奇人物威利·梅斯、莫扎特《天神交响曲》第二乐章、爵士歌手刘易斯·阿姆斯特朗的《马铃薯头蓝调》、瑞士电影、美国老牌歌手弗兰克·辛纳屈、演员马龙·白兰度、三和茶餐厅的蟹肉以及特蕾西的脸庞。你的清单上会有什么？

2. 检查你的清单，依你的意见来判断每个事项分别属于以下哪一类。我先列出几个例子来帮你做练习，但答案不是绝对的。对某人而言，假期是个逃离的机会，但对另一个人来说，也许是平静的契机；对偏好溪流泛舟的人来说，假期甚至意味着目标的达成。

» 成就：通过考试；讨价还价；找到一双完美的鞋子；在工作上达成一笔交易。

» 平静：一幅美景；注视着波浪拍打船只的两侧；在寒冷的清晨窝在温暖的被窝里。

» 轻松无责任：跷起一只脚5分钟，阅读一份杂志；快速打一场高尔夫球；制作电影里使用的手指玩偶。

» 兴奋刺激：飙车；在沙滩上骑马；射门得分。

» 感官享受：给烤熟的羔羊肉淋上薄荷酱，搭配新鲜马铃薯；聆听音乐；烘焙咖啡豆的新鲜气味。
- » 逃避现实：喝得烂醉；冥想；跳舞；买彩票。
- » 照顾他人：注视酣睡的孩子；从事义工服务；介绍朋友看一本真正的好书。

3. 关于性爱和亲密感，最棒的一点就是，它是能够同时提供上述所有愉悦的少数活动之一。但是你的清单上，是否各类活动都均衡？你的愉悦是否都集中在一两类活动上？你与另一半分享了多少愉悦？

4. 生活中亲密感不足的夫妻通常都忽略了类似"轻松无责任"的愉悦方式，虽然双方也许各自享有兴奋刺激与平静，但是他们再也不共同分享这些愉悦。以下我列出一些可以在卧室之外共享的各类愉悦方式，你可以想出其他的吗？

- » 成就：一起散步5英里路；一起为花园造景。
- » 平静：到海边去，一起在海浪间捡石头；找个地方一起玩树枝顺水流的游戏。
- » 轻松无责任：重新回味被遗忘的童年乐趣，例如在公园秋千上互推，或一边跑下山丘，一边唱儿歌。
- » 兴奋刺激：到主题公园一起坐云霄飞车；一起赛跑。
- » 感官享受：一起聆听音乐会；在屋内摆满芬芳花朵。
- » 逃避现实：一起出门过周末；一起学习萨尔萨舞。
- » 照顾他人：为另一半策划特别的一天；做一顿对方喜爱的大餐。

我手里有什么？

分享不同的愉悦，可以重新平衡你们的亲密感，让亲密感不再局限于性爱范围内。此刻该谈谈如何将乐趣带进卧室。以下这个游戏可以尽量如你所愿的性感。

» 双方各找一件能够撩起感官刺激的日常生活用品：一支小笔刷、一条丝质围巾、一盒草莓优格、润肤霜，或一个冰块。不要告诉对方你找到了什么。事实上，你们可以互猜对方找到了什么东西，因为期待也是乐趣的一部分。
» 在卧室里，双方都脱到只剩内衣裤，然后丢掷铜板来决定由谁先开始。
» 其中一方闭上眼睛，另一方拿出神秘物品。
» 拿着神秘物品的人以缓慢、轻柔的动作将这个物品轻拂过对方的肌肤。
» 闭着眼睛的一方花几分钟时间熟悉这些感官刺激，在此同时，另一方找到其他方法来抚触对方。尝试各种可能性，找到新的碰触点与碰触方法（唯一的禁忌是，不能用残酷虐待的方法来玩这个游戏）。你是如何被搞糊涂了？你是如何带给对方愉悦的？在此阶段，请避开明显的敏感地带。
» 经过至少5分钟后，拿着神秘物品的一方问另一半："我手里有什么？"被碰触的一方可以猜测，也可以问问题："是厨房里的东西吗？"但此时还不能睁开眼睛。
» 被碰触的一方猜中神秘物品，或者放弃猜测之后，可以选择继续被碰触，或者要求交换角色，重新玩一次。

修复亲密感

性爱虽好，但只是生理的释放而非情感的联结，试着在高潮之后保持清醒5分钟。我知道这对男性来说不容易：做爱之后翻身倒头大睡，在我的愉悦清单中名列前茅。然而，枕边细语是让情感联结的绝佳机会。有些夫妻利用做爱之后的温馨及安全感来赞美对方，有些夫妻则窃窃私语，说出其他时刻不可能说的话。

步骤5　平衡爱与自我

"真希望你不要一直泼我冷水。"
"你自己呢？"
"你有没有想过如果你对我好一点，我也会对你好？"
"你并没有给我太多鼓励呀！"
"为什么永远都是我的错？"

挑别人毛病总是比正视自己的缺点容易得多，这个道理在两性关系中更为真切。在双方关系遇到问题时，我们往往先怪罪对方，再痛苦地承认自己的问题。这使我们陷入等待对方改变，而不是自己承担责任的思维之中而无法挣脱。

第7章

爱你是否妨碍我做自己

随着时间的演进,关系中的双方会变得越来越像对方。这是很自然的现象,因为双方的品味会互相影响,生活在一起也会磨平对方个性中的棱角。这种渐进的融合通常能使双方和平共存。然而,有些夫妻融合得过头了,变得太像彼此。为什么这会是问题?首先,正如先前讨论的,差异性可以擦出火花,保持爱的激情;第二,太多相似性会令人觉得窒息;的确,许多相爱却不相恋的夫妻变得太相似,就像同一个豆荚里的两颗豌豆,其中一方常常抱怨失去自我。更糟的是,就一段关系的健康性而言,抱怨的一方往往认为是对方扼杀了自己的个性。当这种情况发生时,似乎只有一个解决方法:分开。这实在很不公平,因为真实的情况往往比表面上看起来复杂多了;双方在身份融合中都扮演了一部分角色,因此,找回热情的下一步是承担自己的责任。

斯泰茜满眼泪水地来到我的办公室，25岁的她18岁就和丈夫在一起，如今她发现这段关系令自己窒息，于是尽可能把时间花在家庭以外的地方。她的话听起来并不陌生：第一，我爱他，但是我对他已经没有爱恋的感觉了；第二，没有争吵，即使在她无数次"逃家"期间欠下大笔卡债，他俩仍然不争吵。而她的主要抱怨，就是这段关系妨碍她做自己。"我不知道我是谁，我已经迷失自己了。"她哭泣道，"所以我要离开他。"

我从斯泰茜的叙述里，预期会见到她那控制欲很强的另一半。她的另一半卡尔在我们的下一次咨询加入，他非常具有包容性："对你出门，我说过什么话吗？事实上，我没有阻止你做任何事。"斯泰茜没有答话，似乎躲进了自己的内心世界。她变得与我之前见到的她完全不同。"你到底想怎样？"卡尔说。此时出现一阵长长的静默。斯泰茜终于说："我无法成为你希望的人。"轮到卡尔静默。"现在我伤他的心了，"斯泰茜又哭了，"我不想伤害他。"在所有痛苦之下，似乎有个未说出口的问题：爱你是否会妨碍我做自己？

斯泰茜并非唯一发现爱情关系会剥夺自我认同的人。"我家的空间很拥挤，宠物、孩子的玩具，还有我先生在家工作时的文件。"34岁、结婚15年的芭芭拉说，"似乎没有属于我的东西，就连本来应该是我的空间——厨房，也常常被开冰箱找东西吃的孩子侵入。有时候我在黄昏时走到街上，望进别人家的屋子，似乎又清爽又宽敞，就像点亮灯光的舞台般，屋主们掌控一切，享有自主权。我发现自己在聆听离婚的朋友们谈论属于她们的房间时，竟然心生羡慕。"年近30岁的露西有个8岁的女儿与5岁的儿子,她也很了解这种感受:"很多事情占用了我的时间。照顾孩子们时,我必须压抑自己的需求。我没有时间看书,所以把书都收起来,也把社区学院的课程简章收起来。因为我爱我的孩子与丈夫,所以不得不这么做。然而无论我如何尝试,内心那个有需求的自我并未消失;它想冲出来,粉碎一切。"

芭芭拉与露西的另一半都很热心帮忙。芭芭拉的丈夫答应把自己的工作物品整理干净,还打算在阁楼增设一个房间。露西的丈夫答应在周六下午带孩子们去游泳,好让露西安静看书。但是这些立意善良的计划却迟迟未实现,没有发生任何改变。究竟是什么原因使这些夫妻困在旧有模式中?我们必须深入探讨,不能只看表象:芭芭拉没有自己的空间,露西没有阅读时间。这两对夫妻都说,他们一直都很好,也很享受同样的事情,但是当我要露西多说一些,她举出了外出用餐、看电影以及共同朋友。这些事情都很好,但是并没有激起露西的任何激情。事实上,露西和另一半戴维已经有六个月没有一起去看电影。当我问她是否有个人热爱的事物时,她一脸茫然。我只好提醒露西有关阅读的事,而最后我发现戴维以前会打高尔夫,但是在儿子出生后,他就放弃这项爱好了。芭芭拉喜欢室内设计,却发现无法真正投入其中,因为她必须考虑丈夫的喜好。虽然折中妥协很好,是建立一段关系的基本要素,如今却妥协过多。这两对夫妻都一心想经营幸福的伴侣关系,以至于忽略了自我,难怪我一开始较难挖掘出他们各自的兴趣爱好:为了创造两人共同的爱好,他们一直自我牺牲,这里牺牲一点,那里牺牲一点。为什么有些夫妻变得如此相似呢?

重新回味亲密关系的六个阶段

亲密关系会随着时间而有所改变，其中一个重要改变，在于双方对于"差异"的态度。当一对伴侣刚开始约会时，会寻找彼此的相似性与共同兴趣；有一方愿意在滂沱大雨中观看对方参加越野房车赛，另一方会参加对方业余歌剧社团的定妆彩排与表演。在关系发展最初的合二为一阶段，所有差异都被双方接纳。筑巢期间，两人的差异开始重新浮现——也许是在讨论要用哪种油漆颜色时——此时夫妻俩再也不会假装自己喜欢对方的喜好和乐趣。然而，当一对夫妻建立家庭时，相似性仍然很重要。自我肯定期间，双方开始正视彼此的差异，因为两个人必会有不同的品味、标准、作息规律等。大部分夫妻会吵架，最后包容彼此的差异。然而，有些夫妻，尤其是那些后来会发展成相爱却不相恋伴侣的夫妻，会避免正面摊牌，并且假装差异不存在。其中一方会以没有时间为借口放弃爱好，另一方会因为伴侣不喜欢自己的某位朋友而不再和这位朋友见面。做出这一决定的一方并不会憎恨这个决定，反而会找借口，例如："反正我和我朋友再也没有共同点了。"

自我肯定期间，夫妻之间避免争吵的另一个方法，是强调彼此的相似性，并且把所有精力都集中在夫妻俩真正的共同点上。如果不面对彼此的差异，很难走到下一个合作期阶段。在合作期间，双方都各自从事个别活动，然后把新的能量带回来，让两人的关系充满新鲜感和活力。在面对一连串生命挑战时，如果一对夫妻逼迫彼此共享相似的意见与解决方法，那么第五阶段适应期也会很艰难。最后阶段的重燃爱恋期，是第一阶段的映射，夫妻再度成为对方的一切，彼此的差异又变得不那么重要了。

以下图表所显示的，是从第一次约会起，彼此的差异性如何产生变化，以及如果在自我肯定期没有正视彼此差异，将如何危害两人关系：

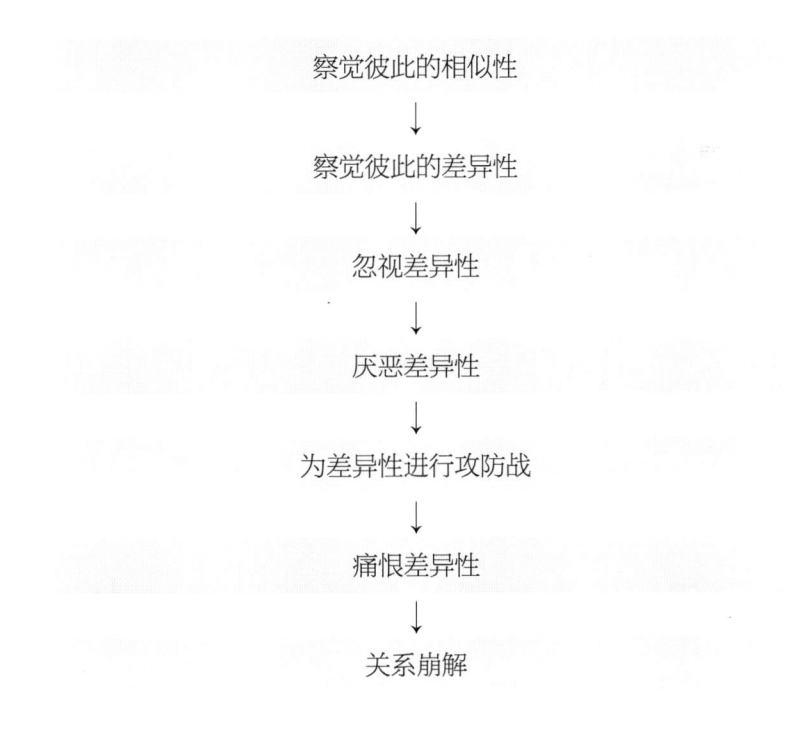

察觉彼此的相似性
↓
察觉彼此的差异性
↓
忽视差异性
↓
厌恶差异性
↓
为差异性进行攻防战
↓
痛恨差异性
↓
关系崩解

忽视差异性

这就是为什么两人会为了要当彼此"最好的朋友"而搞得关系紧张。通常我们会选择和自己相似且拥有类似兴趣的人来当朋友，然而，我们并不需要和朋友朝夕相处，因此我们可以忽略彼此在不同生命阶段的差异性，尤其当我们的兴趣与需求不断改变时。有些朋友和我们热络一段时间后，并没有持续的亲密互动，彼此就不那么常见面了。因此，朋友之间不必直接面对彼此的差异性，而是让彼此渐行渐远。然而伴侣间就没有这种弹性。当一对夫妻形容彼此为"最好的朋友"时，听起来就像是警钟，提醒我要确认一下他们如何处理彼此的差异。

厌恶差异性

自我认同的最初警告与较为一般性的关系问题，会发生在此阶段。他们就像墙壁上一道发丝般的裂缝，不需要立即处理，也不一定会发展成更严重的问题。然而，裂缝也可能意味着地层下陷，半间屋子即将倾倒。因此，若某人厌恶差异性，这究竟象征着什么？我会对下面的事情提高警惕：两人对于小型计划或决定都争论不休，其中一方或双方私底下计算着过去争执的胜负记录、夫妻开始回避对方。逃脱这个陷阱的最佳方法，就是停止回避问题，并且好好争论一番。只有释放那些被压抑的憎恨，双方才有可能面对真正的问题，从而发现问题往往与原先想象的不同，而且常常没那么可怕。

为差异性进行攻防战

我们都希望另一半得到最好的，不是吗？另一半有所成长与发挥潜能时，我们都替他们开心。同样地，我们的另一半也会尽一切努力来支持我们的梦想。这是许多两性关系的表象，尤其是相爱却不相恋的伴侣，他们的关系通常都是温馨且互相支持的。然而，表象之下却是暗潮汹涌。

回头看看我们在本章一开始所提到的那对夫妻——戴维了解露西想回去当全日制学生。他俩在大学认识，但是露西一怀孕，就立刻休学了。他口头上高兴地支持露西的复学行动——"总有一天会实现"，但是实际上，他会打压露西复学的愿望，以及尝试妻子与母亲以外的角色的企图。他使用了一个典型的技巧：务实的反对。"我真的很支持露西的梦想，但是我们怎么解决照顾孩子的问题？我当然可以帮忙，但事情没这么简单。"他解释，"她以后必须花几个小时写报告，况且她兼职赚的钱不是只拿来支付额外开销。"每次露西解决一个问题，他就又搬出另一个问题。但这并不单纯是丈夫想绑住妻子那么简单，不仅戴维一直打压露西有所改变的企图，她自己也忙着捍卫现状。

会谈期间，我们商议把星期六下午保留为露西的阅读时间，而戴维则带着孩子们去游泳。但是每周露西总会找到其他必须由她去做的事情，因而使她无法静静享受这仅有的阅读时间。难怪他们会被困住：他俩都害怕改变。戴维担心露西有了更多见识、新的朋友、新的条件与新的机会之后，会不要他了。而露西除了担心戴维会不高兴之外，也担心自己是否能应付大学里的挑战。遗憾的是，由于两人都不想"伤害"对方，因此都压抑自己或没有坦承这些感受。露西当然一直都很不开心，戴维也没占到什么便宜。他一直忙着捍卫现状，以至于不太明白自己对未来有什么期望。由于露西与戴维无法处理彼此的分歧，所以他们的关系陷入攻防的僵局。他俩无法抵达合作期，也就无从实现他们的理想。

爱的悖论

我们都需要被爱。我们越爱某人，就越重视对方的爱，也越害怕失去它。所以我们会担心若不依照另一半的期望，对方会不要我们。但是我们要如何面对不同的品味、标准与态度呢？每段亲密关系都会面临这个问题，部分原因是世上没有完全一样的两个人，但主要原因是，我们总是本能地选择特质互补的另一半。在最好的情况下，这些差异是成长的催化剂，而不是离异的隐忧。然而，差异往往变得极具威胁性，使得夫妻不自觉地使用策略来保护自己免于痛苦。这些策略包括：试图控制另一半，假装对差异漠不关心，配合另一半，把自己的个性变得和对方一样。没有人一开始就想控制对方或被对方控制，他们只是害怕罢了。最明显的矛盾是，我们所做的一切，几乎都是为了保护自己免于痛苦，但是我们感受到的大部分痛苦却来自这种自我保护行为。

相爱却不相恋的伴侣用来回避双方分歧的策略，主要可分成三种组合：

控制／屈从

其中一方主导一切，而另一方则顺从对方的愿望。在传统的喜剧中，我们常看到老婆总是凶巴巴，而丈夫很胆小。然而在真实世界的两人关系中，情况通常更复杂，因为夫妻常常想控制对方，并且在不同的议题上轮流服从。让我们看看32岁的货车司机马丁，与其28岁、担任办公室经理的妻子杰姬的例子。马丁主导他们的社交生活，负责召集朋友间的聚会，决定夫妇俩该在聚会中待多久，以及决定休闲时间该去哪里、与谁在一起。杰姬会配合他的期望。与此同时，杰姬控制家中的一切——预算、物品摆设、食物、何时与如何洗碗——马丁会遵照这些安排。有些夫妻多年来都谨守这些严格的民主，直到某件事情瓦解了这堵高墙——马丁与杰姬的情况是：新生儿诞生。她觉得自己在家里压力很大，而他发现无法再维持以前的社交生活。

控制，并非只是使唤某人或进行具体的恐吓。有时候，外界以为较弱的一方，反而可能是控制的一方。要做到表面上看起来没有主导一切，有几个技巧，包括：愤怒的眼泪、装可怜的眼泪、装病、威胁要离开、令人产生罪恶感的肢体语言（叹息、扬眉、耸肩）、怪罪、指控、说教。虽然这使得控制/屈从似乎很累人，但是大部分时候，这样的行为可提供表面上的和平共存。然而，当控制的一方不在身边时，屈从的一方会觉得比较放松自在。马丁觉得，只有当杰姬不在家时，他才能真正放松；而杰姬只有在偶尔和女性朋友外出时才觉得自在。

冷漠 / 冷漠

这种关系表面上看起来很平静，很少争吵或出现激烈状况，但两个人各忙各的，早已不再渴望彼此。这种关系在20世纪上半叶很普遍，当时强调的是婚姻的延续，不太重视个人幸福。现代夫妻的冷漠，是因为双方都过度投入工作，因此在情感上与生理上都退守。其中一方也许宣称想要更多"夫妻时间"，却总是找借口沉浸在网络里。不过他们的另一半不会抱怨这样的行为，而是过自己的生活。其他的疏离行为包括：看电视、喝醉、看体育节目，或让自己沉浸在爱好中。

冷漠/冷漠型的夫妻通常很少说话，没有任何亲密感，倒是有一大堆的沉闷无聊。这些夫妻告诉我："除了孩子以外，我们没有任何交集。"彼得与南希已经结婚二十年，南希抱怨："我不觉得自己真的了解彼得，他似乎一直都很闷。"彼得则反驳："说话有什么用？我们讨论的都是工作和其他人。"他们回避冲突，从来不去真正面对问题，因而无法探索且了解对方。虽然都"冷漠"，但双方会有强烈的个人认同，没有夫妻认同。一旦孩子不再是他们的生活重心，其中一方往往会觉得无法承受寂寞。请记住，在内心深处，没有人真正冷漠。有些人也许会假装，或者表现出一副不在乎的样子，但每个人都想被爱。

屈从 / 屈从

在这种关系中，双方都急着想让对方快乐，于是为了夫妻认同而放弃了自己的个性。凯特与戴维不仅在同一家公司服务，还一起在职员休息室吃午餐。当我问他们是否想和自己的同事一起午餐？他们都承认对于目前这种状况感到厌烦。"如果能和其他人聊聊天，一定很好，"凯特说，"这样我晚上和戴维就有话可聊了。"戴维的措辞稍有不同，但结论一样。那么为什么他什么都没说？"我以为这是凯特希望的。"戴维解释，而凯特点头。

屈从看似是经营一段关系的最佳方法，毕竟，对于幸福的两性关系来说，折中妥协的能力很重要。但是这些夫妻太害怕彼此的差异，因此很小心防卫，以至于忽略了任何痛苦。在其他夫妻的案例中，痛苦会变成愤怒，并且正如你所预料的，演变成一场争吵。如果凯特与戴维曾经争吵，他们其中一人可能会脱口而出："不要连午餐时间都黏着我！"屈从／屈从的伴侣关系最后会导致严重的认同问题，因为没有人得到他们真正想要的。

还有两种处理彼此分歧的策略，但是相爱却不相恋的夫妻很少使用：控制／控制，以及控制／反抗。在控制／控制情况中，双方都想改变对方，即使很小的事情也会引发权力斗争。在控制／反抗情况中，其中一方企图改变对方，而另一方则企图抵抗，双方越战越勇。如果要处理的分歧情节轻微，倒也没关系。有时候其中一方的确必须做出决定，而另一方必须加以配合（控制／屈从），或者双方必须针对重要议题而争吵（控制／控制）。同样，有时候双方都没有精力或意愿共同解决问题（冷漠／冷漠），而有时候不妥协比直接挑战更有效（反抗／控制）。当一对夫妻困在某种特定模式中，甚至程度越来越严重时，问题就会发生。长远看来，这种行为会使这段关系中所有的情感联结、了解与爱都干涸。直到某天其中一方醒悟，注视着枕边人，心想："他阻碍我的成长。"或者，"她是陌生人。"

处理认同议题

像移民或分手这样的重大决定，往往只是把屈从或控制的行为带到另一个国家或另一段关系中。认同是通过一连串的小胜利而逐渐累积的：为自己挺身而出，做一件不同于别人期望的事，了解你的恐惧与另一半的恐惧。以下有一些指标：

» 留意你的内在对话。你是否花很多时间揣测另一半的反应，却忽略了自己的感受？你是否发现自己试图"守住底线"，担心自己万一在某件事上屈服，就会造成多米诺骨牌效应，改变一切？

» 辨识出你与另一半掉进了哪种无益的关系模式中。想要改变一个行为，必须先了解它。就算你发现自己掉进旧有模式中，也要留意观察你自己。这会使你加倍注意自己的缺点，下次就能避免掉进同样的陷阱。

» 承担责任。不要认为自己一定是受害者，想想你的责任。正如古谚云："除了自己，你无法改变任何人。"

» 尝试了解，而不是说服/诱骗/控制对方。如果不了解这一点，就不可能找到适当的折中方法。（想知道更多信息，请见练习部分的"摆脱他人的控制"。）

» 审视那些构成你的世界观与自我意识的期望。这些期望从何而来？你的身份认同有多少来自父母，有多少来自朋友，有多少来自我们的文化、宗教与媒体？有多少期望是属于你自己？（请见本章最后的"拆解期望"练习。）

» 以折中方案为目标。是否有个折中方法可以平衡个人认同与夫妻认同？

以上所描述的过程，帮助斯泰茜与卡尔找到一个方法来处理斯泰茜的身份认同危机。她的内在对话充满这类问题："像我这样常往外跑，正常吗？"与"我这么想往外跑，卡尔会难过吗？"卡尔的内在对话与之类似："她这样常往外跑，我该说什么吗？"与"如果我要求她待在家里，她对我会做何感想？"打从关系开始，卡尔与斯泰茜就急于取悦对方，他们的关系模式属于屈从/屈从。最近斯泰茜累积了一大笔信用卡账单，卡尔试着控制她的消费（反抗/控制）。

至于承担责任一项，斯泰茜承认她的购物行为像个不顾后果的青少年，而卡尔像个严格的家长。于是他俩进行了一场成人间的讨论，商讨出恰当的预算，把一部分钱挪出来用于休闲娱乐。

在理解阶段，卡尔了解到斯泰茜不喜欢一整晚都赖在电视机前，因为这会让她感觉自己像个老人，而斯泰茜也了解卡尔认为他俩应该准备生小孩。我们终于揪出使他们关系渐行渐远的这些未明说的期望了。这些期望从何而来？卡尔的父母在20多岁就生小孩，因此他说："我只是觉得时候差不多了。"然而，斯泰茜的母亲后悔太早生小孩，因此总是建议女儿"先看看世界"。这对夫妻终于找到一个折中方法——卡尔愿意选择几个晚上和斯泰茜一起出门，并且为了去美国的旅行而开始存钱。斯泰茜也答应在30岁之前生小孩。

露西与戴维也需要坦诚地讨论他们的恐惧。露西向戴维保证她并不打算离开，而戴维则愿意进一步支持露西的决定。露西决定在当地社区学院修一门兼职学生的初级课程，借此建立她的自我认同。"我想证明母亲的职责并没有完全摧毁我所有脑细胞，但也想在花一大笔钱之前，确认那是我真正想要的。"戴维很乐意在露西上夜间课程时照顾孩子。

小 结

- » 太多与太少的折中妥协一样糟糕。
- » 试着平衡你的夫妻认同与自我身份认同。
- » 不要忽视身份认同的痛苦，这些痛苦通常象征着关系中存在更深层的问题。
- » 具有安全感的伴侣会鼓励彼此拥有自我，因为他们知道，这并不会摧毁两人的关系。
- » 为自己做想做与需要做的事，同时还要持续深层次地关怀另一半，这并非易事，但只要了解彼此的差异，而不是忽略或捍卫这些差异，总会找到平衡的办法。

练 习

我主导/你主导

没完没了地折中妥协，并且揣测另一半可能喜欢什么，没过多久就会变得很无聊。我的一个朋友有个适合在假期进行的创意点子：他全权主导一整天，隔天轮到另一半全权主导。"我真的很期待玩这个游戏，"杰米说，"它让我有机会更了解谢雷尔，我几乎可以听出她在做选择时的语气声调。"就连孩子们也有自己的全权主导日。"虽然让孩子全权主导，有时候情况会变得有点麻烦。"如果全家人轮流主导之后还有剩余时间，可由全家人相互折中妥协。规则如下：

1. 在你的全权主导日，你负责选择所有的活动。只要你选择的活动不会完全吓坏你的另一半，选择权便完全操之于你，依随你内心的渴望。
2. 从早餐开始，到就寝时结束——吃什么、在哪里吃、去哪里，或者躺着，什么事也不做，完全由你来决定。
3. 你的另一半必须同意尽量尊重你的全权主导，有风度地尝试，尽可能享受你的选择。
4. 改天，你们交换角色，由你的另一半全权主导。
5. 游戏结束之后，请讨论你们学到了哪些关于自己与彼此的事。问问自己：我们可以把哪些事情纳入日常生活中？
6. 同意进行这个游戏之前，可以先讨论额外的个人规则。可讨论的主题包括：全权主导的一方是否有权要求性爱？任何一方是否有任何完全无法接受的事情？

这个练习可以在家进行，两人各自全权主导周六与周日，或者一人主导整个周末，下个周末轮到另一人主导。你们可以应用上述规则，唯一的要求是，这一天的活动必须完全以乐趣为出发点，就当作是家里的小小假期，别把时间拿来赶做家务或进行居家修缮。

摆脱他人的控制

这个练习的目标，是了解你的另一半与你自己的行为。找一件导致你俩关系紧张的议题——某件你们常常为此争吵，或者必须争吵的事情。

1. 由具有身份认同危机或想要改变的一方先开始。如果你们都有这种情形，便抛硬币决定。先发言的人谈谈自己如何看待这个问题、自己想要什么、自己有什么感受。另一方只要倾听就好。
2. 倾听者只能详述或厘清，不能辩解，不能反问，不能安慰。只要倾听与理解就好。
3. 如果倾听者很想开口说话，应该先自问：我是否试图说服对方或为自己辩解？如果答案是肯定的，便闭上嘴。如果问题的目的是为了厘清或深入挖掘，便尽管问。
4. 如果对话渐渐停止，请确认你已正确理解对方的话："你的意思是说……"或者"如果我的理解正确的话，你是觉得……"
5. 如果双方开始争吵，请停下来审视之前提到的那些保护模式：控制/屈服、控制/控制、冷漠/冷漠，以及控制/反抗。你们是否落入了其中一个陷阱？有时候，请找找看那些已经变成格言的期望。（请见"拆解期望"练习。）
6. 这个练习的目的并非找出解决分歧的办法，而是为了理解。
7. 很多夫妻做了这个练习之后，往往还没有采取任何行动计划，问题就消失了。这是因为，一旦了解了另一半表象行为背后的需求，就变得较易包容。我们的容忍往往也会使另一半改变他们的态度与行为，因而回过头来增加我们的容忍度，建立一个良性循环。

如果你是独自阅读这本书，请让自己担任倾听者，问问另一半为什么对某个争议的感受如此强烈，并且借此开始做练习。如果你的另一半拒绝说明——"你应该很清楚"——那么你应解释你只是想确认你已理解，这会让对方卸下防备。当你听对方说完，并且真的了解对方所有观点之后，就问："我是否能解释我为什么会那样？"如果你的另一半觉得可以理解，便会敞开心胸，同样待你以礼。所以，如果你的另一半拒绝倾听，请在希望被了解之前，试图了解对方。

拆解期望

1. 以下是一连串可能发生的冲突，在每个冲突旁写下它对你的意义，以及你认为思维正确的人会对这个冲突如何思考。例如在债务旁边，你可以写：必要的邪恶、可耻、个人的失败、理想的财务管理、生活的事实。
2. 尽快完成这份清单，把第一个直觉式的想法记录下来。
3. 完成这份清单之后，回过头去问问这些期望从何而来：母亲、父亲、朋友、媒体、神职人员、大众文化、政客。
4. 以下这些期望如何演变成了争吵？是否有不合时宜之处？你是否需要改变一下期望？哪些期望对你的身份认同特别重要？

性爱，金钱，周日早晨，债务，电视，两性关系中的男性角色，两性关系中的女性角色，花朵，迟到，付账单，游戏，圣诞节，信用，床上的性爱实验，健康，婚姻，如何使用时间，星期六晚上，双方以外的朋友，情感，家中娱乐，过去，变通，爱好，养育子女，整洁，用餐时间，家务，衣着品味，工作，酒精，教育孩子，准时，生日，兴趣，礼物，在其他人面前的社交行为，运动，浴室，拥抱，教育。

想改变，却无法改变？

重塑一个新的身份认同并不容易。以下的过程被分解为六个易于处理的步骤：

1. 问自己是否真的想要这个新的身份？有时候我们会试图改变某件事，例如：减肥、戒烟，或开始夜间学习课程，是因为我们觉得应该这么做，因为有人对我们施压，因为符合社会期待，或者因为我们喜欢想象自己做这些事情的画面。然而在内心深处，我们可能并不真的想改变。
2. 维持现状有什么好处？如果你被困住了，也许不做改变反而隐藏着某种好处。一旦你真正了解阻挡改变的障碍，会更容易跨越这些障碍。
3. 把想要的改变分解成一个个小部分。从今天到未来，似乎是个没完没了的漫长旅程。例如搬家牵涉了无数抉择，以及演变成灾难的许多机会。然而当搬家的工作分解为较小的步骤，例如研究新家的学区，或者找到房屋中介，一切似乎变得较易处理。一旦完成这些任务，你就可以继续处理后面的事务，很快就会达到你的目的。

4. 向你的伴侣鼓吹改变的好处。如果我们知道另一半对一项计划存疑，我们往往不太敢问："我不认为你会喜欢这个计划，但是……"这样的问题容易立刻招来拒绝。有时候我们甚至会声援对方的立场："我知道我们时间不够，但是……"更糟的是，我们无法传达这项计划的重要性，因此，另一半并不了解拒绝这项计划的后果。所以，请寻找所有对你、对家人、对另一半的好处。什么事情能使另一半支持这项改变？最后，尽可能挖掘细节，并且准备回答可能的问题。每个人都害怕未知，而你掌握越多信息，就越不害怕改变。
5. 你该如何跨出第一步？一般人很容易把改变延到明天，再延到后天，然后永远拖延下去。选择一项能让你当天就动起来的小工作。
6. 继续努力。永远都会有挫折，但请记住，没有什么事情会持续到永远，而这些困难时刻也会过去。就连最成功的人也会走进死胡同，偶尔也会失败。这些成功人士与其他人的不同之处就在于他们不会灰心丧气。

害怕改变？

如果你的另一半正在寻找新的身份认同，那么所涉及的改变感觉起来会非常可怕。如果你想改变，但是担心另一半的反应，那也会很可怕。无论是哪一种情形，以下是三个应付改变的关键技巧：

1. 了解。因为你害怕改变,所以将改变视为坏事。然而改变的本质不好也不坏,完全在于你如何看待。例如我们可能会认为下雨不好,但是沙漠里的雨却很美妙,所以好坏完全要看我们的态度。第一步永远都是先看一件新鲜事情的正面意义。如果你无法立刻看出来,那么请再往未来多思考一些。这件事在三个月后、一年后、两年后会如何?第二步,问问自己:如果不做改变会发生什么事?停留在原地有什么坏处?

2. 放松。科学家们已经发现,当我们在压力之下,例如在改变期间,大脑的运作方式会不一样。为了在威胁之下生存,我们会使用大脑较不复杂的部分,这遗传自我们的爬虫类祖先。然而,在这种时候,我们更需要把某件事想清楚,而不是依原始本能行事。所以下次当你承受改变的压力时,请找到一个方法放松下来,保持平静。做几个深呼吸,来一次长距离散步,在花园里挖土,或者做一次家里的换季大扫除。回想你曾经成功面对改变的时刻——一定有许多这样的例子,因为你比自己想象的更擅长应付改变。看看上次有哪些奏效的方法,并且决定今天该用哪些技巧。

3. 认清你的恐惧。当你放松时,闭上眼睛,想象你所希望的未来:地点会是哪里?会是什么样子?你的另一半在做什么事?尽可能详尽地描述这幅画面。现在,试着分析一下哪些事情特别让你担心,把每一个恐惧都用一个句子写下来。回去想象那幅画面,并且试着想象其他有可能让你不安的事情,把这些事情也写下来。你最好在一张纸上列出一份恐惧清单,无论这份清单有多长。总之,别让这些杂乱无章的恐惧充斥在脑海里。回去检查这份清单,经过回想之后，删掉任何微不足道的恐惧。最后，和你的另一半讨论你的恐惧。你的另一半也许可以提供安慰，或者提供更多建议，以减轻你的焦虑。纵使仍有一些恐惧，至少你对最重要的议题已有更清楚的认知。

第8章

关系问题或其他问题

生活很复杂,但我们喜欢让问题越简单越好。我们担心,如果持续释放不良情绪,我们会被淹没。一个问题往往比一大堆问题容易处理,因此,我们希望把事情简单化,但有时候却找错问题的症结,或者怪罪无辜的另一半。那么,该如何辨别哪些问题的症结在于两人之间的关系,哪些属于其他的范畴?

转 移

在许多案例中,不快乐只是从个人生活的一部分转移到两人关系中。保罗在工作上不快乐:"我发现这个城市给人的压力越来越大,我讨厌通勤上下班。"保罗真正想做的是写惊悚小说:"我可以逃到自己的世界，时间转瞬即逝。然而，我却不得不维持一个家庭的体面生活，我怎么才能找出时间来写作？"保罗开始憎恨他的另一半黛比，却从没和她谈过这件事。在他表达了对婚姻失去热情的言辞后，他们好好谈了一番。在这过程中，保罗发现自己做了许多假设。原来，黛比宁愿要一个快乐的丈夫，胜过新车或是具有异国风情的假期。所以他们重新调整生活，保罗改做兼职的工作。然而，小说仍然没有写出来，最后，在咨询过程中，保罗发现是自己害怕在新的职业生涯中会失败，却怪黛比阻碍他的成长。在审视内心后，保罗愿意承担更大的责任。

过去问题的复发

在其他相爱却不相恋夫妻的案例中，看似属于夫妻关系的问题，结果却是其中一方未获解决的童年问题。例如45岁的乔治是一家大型保险公司的营业员，他抱怨说："我真的觉得没人了解我。我讲得脸红脖子粗，还是没人注意到我。我把自己关在书房，但是她一直来敲门。"乔治的妻子特蕾西是家庭主妇，他们的关系日渐恶化，乔治开始怀疑自己是否仍爱着特蕾西。特蕾西说："我实在不懂，我确实很认真在听。事实上，我听了太多他工作上的事，如果他临时生病了，我甚至可以去替他上班，立刻接手他的工作。但是，他还是说我没有……"她比了一个引号的手势，"'真正'听进去"。我的直觉是，听起来乔治像个难搞的青少年。事实上，他确实有个14岁的儿子。我知道乔治的父母在他年纪很小时就离婚了，当时他正好14岁。我问乔治："你当时有什么感受？"他说："没有人听我怎么想或者要什么。"他的儿子正值当年他受伤的年纪，这唤醒了他埋藏已久的情绪。这是他个人的问题，并不是夫妻之间的问题。特蕾西了解这种情形之后，便不再认为乔治的情绪化是冲着她来的。他们长谈一番，扭转了相爱却不相恋的危机。

抑郁症

有时候，对关系不满与不快乐的感受，有可能是轻微的抑郁症。遗憾的是，抑郁症难以诊断，因为每个人都会有心情低落的时候。如果对于下列问题的肯定答案超过五个，便意味着严重的抑郁症：

» 你是否饮食过量或过少？
» 你是否难以入睡或睡太多？
» 你是否常常觉得疲倦，或者无精打采？
» 你是否觉得自己能力不足？
» 你在哪里较缺少成就感，家里还是工作中？
» 你是否无法集中精神或下定决心？
» 你是否愤世嫉俗、自怜自艾，或是对未来感到悲观？
» 世界是否很灰暗？
» 你是否容易动怒？
» 你是否很少享受或很少对享乐活动有兴趣？
» 你是否动不动就哭？

如果你发现自己有两种以上症状，应该去和医生谈谈，尤其如果症状持续两年以上。超过两个月以上不曾间断，就该去看医生。处理抑郁症的其他建议包括：请营养师检查饮食状况；减少酒精摄入量；勤做有氧运动，释放内啡肽——这是能让人心情变好的体内化学成分。

情感不忠

有时候，在相爱却不相恋背后的"某件事"有可能是某个人。虽然来到我办公室的相爱但不相恋夫妻很少抱怨外遇问题，但是，我常常发现，他们的长期问题之所以达到一个瓶颈，是因为其中一方拥有"不当"的友谊。

这些友谊一开始都很单纯，因为很少有人特意出去"寻找外遇"。起初，大家只是一起讨论平常事情，例如第一季的销售数字；接下来就是较长的对话，双方聊得很开心，透露对于工作或同事的真正态度；接着谈论彼此的日常生活，有时候会讨论各自的感情关系。这些"朋友间的闲谈"最后变成较长的午餐——本来应该讨论公事，却几乎完全没提到。没过多久，就发生第一次接触——往往是一些不经意的小事，例如双方同时伸手去拿账单。两位"朋友"都感受到电流。这份"友谊"变得越来越重要，他善于倾听，她敞开心扉。他告诉自己："她帮助我面对我的压力。"她心想："我为什么不能有朋友？"这对"朋友"分享彼此的真正感受，并且讨论他们为什么不能如此亲近。他们开始讲很久的秘密电话，分享性爱文章与亲密的电子邮件。任何人若是偷听或者读过这些信息，都会立刻看出这对朋友在打情骂俏。对于这对"朋友"而言，这段关系对他们来说越来越重要；他们可能会同意不再打电话，但是几天之后又反悔了。这种时候，通常是"友谊"演变成真外遇的关键点，两人要么发生长长的亲吻，要么就是发生性爱；或者这段友谊退守到精神外遇状态——只差几步就是真正的外遇。不当友谊的问题在于，过程中没有任何一个行为是真正故意的，但是没多久，这些行为就会累积成真正的背叛。

不当的友谊不仅会导致外遇与一切衍生的痛苦，也会使人无法解决正当关系中的问题，因为所有的情绪精力都转移到友谊上。奥利弗与蒂娜结婚二十年，他们具有相爱却不相恋夫妻的一切特征：他们都不分享真正的感受，害怕会破坏这段关系。直到最近，他们都一直维持表面上幸福快乐的关系，两人也都在过去两年间失去父母。然而，在奥利弗与蒂娜相敬如宾的表象底下，却有一股压抑不住的怒火。

我只问了几个问题，奥利弗便动怒，抱怨蒂娜与一名同事的友谊。"是的，我们是朋友。这有什么不对？"她反驳。奥利弗决意不让怒气失控。他尽可能保持平静，拿出一张电话账单，显示在同一天之内，七通电话都是打给同一个号码，总共讲了三个半小时。蒂娜很愤怒，但是努力控制情绪。"他会听我说话。"她终于说话。"我也曾听你说话，"奥利弗说，"但是，如果我把我们上个月、过去三个月的所有对话加起来，我都怀疑是否有三个半小时。"事实终于摊开来了，我们于是得以开始挽救他们的关系。

幸好对于这对夫妻而言，蒂娜的不当友谊并没有演变成迷恋——迷恋永远是个风险——因此她仍然可以专注在婚姻上。友谊什么时候会变得不恰当呢？关键在于这对朋友分别向各自的另一半吐露多少，以及省略多少细节。真正的友谊禁得起公开审视，不当的友谊则被隐瞒。

到目前为止，我已经在本章中讨论了相爱但不相恋情形的"其他因素"：转移、过去问题的复发、抑郁症、情感不忠。接下来要谈的这一类原因比较难捕捉，因它们深埋在关系底层。

未满足的需求

最有用的观点之一，并非来自心理学，而是来自美国营销教父马斯洛提出的需求层次理论。他指出，当基本需求被满足，我们便移往更高层次的需求。例如人要吃饱了，才会开始思索哪里是安全的住所，接着才会考虑情感关系与被爱的问题。马斯洛相信，在1952年，消费者在生理需求方面，有80%的时间是满足的，在安全需求方面有70%的满足，归属感与爱的需求得到满足的比例是50%，在自尊、名望、地位方面有40%，但是在最高层次需求的满意度只有10%。他称最高层次需求为"自我实现"：个人成就与潜能发挥。

看看今日的广告，汽水广告再也不以"解渴"这个基本生理需求作为诉求，而是提供满足较高层次需求的诱惑，例如身份。婚姻似乎也爬上同样的梯子。我们的祖父母强调必须有能力养家或持家，但在二十年前，当我开始提供夫妻专业咨询时，他们要求的是更多的爱与陪伴。今日，相爱却不相恋的夫妻却是以最高层次的需求来要求另一半："帮助我发挥我最大的潜能。"虽然许多社会评论家抱怨我们对情感关系期望太多，但我认为这种期望只有在碰触到21世纪的另一个现象——拒不承认变老时，才会变成一个问题。

根据英国国家统计局的数字，现在英国的平均离婚年龄，男性是42.3岁、女性则是39.8岁。中年危机通常都被当作笑话："遮掩秃头的最好方法是什么？"答案是："保时捷跑车。"我们尤其喜欢取笑那些必须努力吸气才能遮掩大肚子的男士，笑他们必须借着购买高速自行车与跑车，或与妙龄女子约会，试图重新回味他们的青葱岁月。

不知道为什么，社会对女性并没有相对的刻板印象。但是我遇到过一些女性案主，她们有着类似的中年危机问题。事实上，我三分之一的案主，包括男性与女性以及90%相爱却不相恋的夫妻，都面临类似中年危机的问题。这些人都在某天醒来时心想：生命太短暂，不能浪费在……每个人举的例子都不同，但是都同样面临嘀嗒作响的时钟。

然而，我在咨询中并不使用"中年危机"这个字眼，因为男性通常都会立即撇清，即使他们的妻子可能也有同感。我在咨询时所使用的标准评估方法之一，是要求男性与女性案主谈谈他们的问题是从什么时候开始出现的，这些案主往往会立刻抗议："这和年纪过了四十无关。"我避免使用这个字眼的第二个原因，是因为随时都可能发生问题。事实上，有些书籍探讨的是青年危机，亦即觉得时间快用完的25岁年轻人。我反对使用"中年危机"字眼的最后一个理由是，虽然所有戏剧都暗示中年是个危机，但其实它不是必然的。

那么，究竟发生了什么事，什么样的中年危机会对夫妻关系造成这么大的影响？请原谅我说话太直接——我们不会永远活着。虽然每个人都知道这个事实，我们却还是愿意相信自己可以永远不朽。对某些男性来说，当头棒喝是梳头时发现头发掉在发梳上，或者担忧性能力衰退：二十岁时，一个晚上可以让伴侣有三次性高潮，现在一个晚上连一次都有点吃力。对于某些女性来说，警钟就是走在街上少有男性注意自己了：开始和年轻女性比较，嫉妒她们苗条的身材和活力。

挚爱的人去世——通常是父母——也是个警钟。再也没有比在医院或养老院里陪伴父母亲，亲眼看见他们衰退的这种具体证据，更能说明"我们并非永远不死"的道理。更令人震撼的，是同龄者的死——车祸事故，或者某种疾病——这个时代已经抛开永远不死的幻想。每个人最终都会面对生命有限的事实。此时，有些人会问："生命的意义是什么？"或"我如何让自己的生命有意义？"有些人认定生命太短暂，不应该浪费在不开心的事物或不幸福的关系中，于是开始寻求补救方法。遗憾的是，有些人采取第三种反应：否认。这些人为了逃避不愉快的现实，于是酗酒、埋头工作、搞外遇，或者整容。属于第三类的人，极有可能把一场自然反应与对老化现象的适应，转变成一场危机。

在质疑存在的价值的过程中，许多人都会追求自我实现，也就是马斯洛"需求层次"的最高层。马斯洛的说法："除非一个人做着适合自己的事情，否则很快就会出现不满与不安；音乐家必须创作音乐，画家必须绘画，诗人必须写诗，才能真正感到自在。人必须尽其才。"乍看之下，这似乎是完美可行的目标，只不过现今大部分的职业都不像音乐家、画家或诗人般，有这么清楚的专业分界。

有些人的工作包括好几百个任务，没有明确的核心任务，该怎么办？还有一些人并不特别喜欢自己的工作，无意成为最优秀的会计人员，该怎么办？马斯洛试着研究自我实现到底是什么，但是他发现很难找到符合他条件的研究对象。最后他只找到四十五个人：一个奇怪的组合，包括他的朋友与认识的人、二十名看似朝着自我实现发展的学生，再加上历史人物与当代人物。即使在当时，他也只能找到两个非常确定的历史人物来研究——托马斯·杰斐逊与林肯，但是他只研究了林肯的晚年。他发现了六位"非常适合的公众人物与历史人物"，以及七位"可能不甚完美，但尚可被拿来研究"的人物。

马斯洛详尽描述了研究对象的心理状况，但无法将他们强烈的个性融入他们爱人与被爱的能力："你无法像描述一般伴侣般说这些人是需要彼此的。他们也许极为亲密，但是也很容易分开。他们不需要紧黏着对方，但是确实觉得很享受与彼此共处的时光，但也能接受长久的分离或死亡。虽然他们很享受彼此的陪伴，沉醉在最强烈且狂喜的爱恋中，但他们仍然是自己的主宰，按自己的标准过日子。"依我看来，这些自我实现者听起来相当冷酷无情。

一个人在实现自己所有潜能的过程中，似乎很有可能摧毁路上的其他人。随意浏览一下名人传记就可看出，我们也许很喜欢这些名人的音乐、书籍或电影等，但可能不会想和这种人结婚。就连马斯洛都警告，通往自我实现的路很可能是一条暗巷："较高层次的需求较不容易察觉、较容易搞错，而且很可能会因为建议、模仿或错误信念、习惯，与其他需求搞混。"他是在20世纪50年代写下这些文字的，当时广告、营销与公关的概念不像现在这么先进与普及。如今我们必须提高警惕，否则便无法发现真正的自我，轻易就被人说服购买希腊的小岛、啤酒或新车。

随着年纪的增长，在追求自我实现的过程中，我们都会产生憎恨与痛苦。遗憾的是，我们往往把憎恨和痛苦发泄在情感关系上，因而破坏了原本运行良好的关系。婚姻关系首当其冲，其原因可以用"至少我们正在努力"来解释。无论分居或离婚是多么痛苦且伤人，至少这些夫妻觉得他们正从目前的情势通往另一个不同的剧本。在思考重大问题时，例如"生命的意义是什么？"或者，"我该如何重新爱上另一半？"他们就想做点事——任何事都好。电视剧强化了"必须做点事"的信念。一出好戏需要很多行动，而剧中的角色往往先做再说。故事往往会真相大白，而剧中角色往往选择最戏剧化的选项。然而，这套规则在剧中也许管用，却不见得适用于幸福的婚姻。为行动而行动虽然令人跃跃欲试，却不见得是往前走的最好方法。

灵性的追寻

在所谓的中年危机与追求自我实现的表象下，很可能是对灵性的追寻，亦即想要了解超越了自我中心与物质世界的世界。对于某些人来说，这也许包括追求更大的力量，无论是神秘力量还是信仰的力量。然而，当我聆听相爱却不相恋的夫妻，尤其是那些想离开婚姻的人，谈论着他们未来生活所期望的喜悦、成就感、满足感，甚至是圆满的感觉，常会让我想起灵性的追求。

这里有个典型案例。38岁的业务员马丁说："有时候，早上，当我站在月台等候7:50的火车时，我开始思索：这一切是为什么？除了每日的业绩与目标外，一定还有什么吧？我希望我的生命过得有意义，而不只是日复一日地等待被填满的一个个钟点。我站在那里，望着被丢弃的报纸夹页广告被风吹过铁轨。如果我从头开始，不仅会有时间与空间让我思索，而且很可能会遇到某个人，而这个人会使我的每一秒都过得很有意义。"对马丁来说，爱情变成一本护照，让他能从世俗的存在进入更好的未来。然而朱迪说："那些让我觉得真正活着的深情长吻与耳边细语呢？都到哪儿去了？"虽然迷恋也许具有暂时的转化力量，却无法持久；依恋虽然可以造就更美满的生活，但光靠依恋无法使空虚的生命变得有意义。

那么，如果不光凭借爱情，我们要如何使生命更具意义？我们为何会在这里？生命的意义是什么？我要如何填补生命中心的这个空洞？这些都是深奥的问题，遗憾的是，所有的书籍与可能的答案，不是充满陈词滥调，就是让人徒留疑问：是啊，那又怎样？

我认为问题的症结在于，我们每个人都要寻找自己的答案，这个答案必须能符合我们的世界观，能处理我们某些成长过程中的问题，并且能正视个体的质疑、困惑与性格。我的答案不会是你的答案，但是冒着为陈词滥调多添几笔的风险，我想分享我对于创造富足生活的想法，希望它们对你有所启示：

» 与其消费，不如创造。别只在电视机前看体育节目，到户外去运动吧！别只买现成的餐点，花点时间亲手做顿饭吧！有时候可以去上社区大学的陶艺课、音乐课或创意写作课。可惜的是，我们所生活的年代，只重视事情能不能带来金钱。千万别让这种普遍的错误观念阻止你，如果爱好能够带给你快乐，就去做吧！

» 旅程比目的地更重要。带着开放的心胸去旅行，远比最终到达何处更重要。如果能保持这种态度，迅速跟上时代的旅行就不那么重要，没有意义的嫉妒也会消失。如果生命是一场竞赛——我并不认同——你至少要把它想成是马拉松，而不是短跑竞赛。

» 把死亡当成旅途中的固定伙伴。我在30多岁时经历了一场重大的至亲死亡伤痛，我从那时起就知道死亡是朋友，而非敌人。在生命旅程中的每个重大决定或岔口，我总是意识到生命有限的事实，也意识到爱，所以我总是被引导着做一些善事。前任爱丁堡大主教理查德·霍洛威在他的著作《凝视远方：人类对生命意义的追求》中，以优美的文字阐述这个观念。他总结道："我们短暂有限的生命，只不过是浩瀚黑暗宇宙中的一道美丽火花。所以我们应该充满热情地度过飞逝的白日，然后当夜晚降临时，优雅地从这个世界离开。"

以上只是我的一些初步想法，因为我们一生的时间都在重新定义个人的大哉问、测试答案，并且不断以新鲜的经验为基础，一再重复这个过程。如果你不确定该从哪里开始追寻生命的意义，请试着重新平衡你的生活：以事业为导向的人，很可能需要多花时间陪陪家人；专注在养育子女与维持家务的人，很可能需要培养家庭以外的兴趣。就像人到了中年会调整生活方式，你可以回顾你的前半生，看看缺乏什么，以及如何在后半生完成这幅生命图画。

相爱却不相恋危机与童年的关联

我们的婚姻关系像磁铁般，吸附着其他各式各样的问题。乍看之下，似乎很棘手。然而，根据我二十年的婚姻咨询经验，一段美好的婚姻关系其实可以治愈深埋已久的个人问题。也许我们大脑里一些隐蔽的、直觉反射的部分了解这种力量，因此刻意把一堆大大小小的个人问题摆在婚姻的大门前——即使这些问题并不真的属于这个地方。

为了解释这个概念，我必须概述精神分析学的基本信念：我们的第一段关系，也就是与母亲或主要照顾者的关系，会重塑后来的一切关系。"好的父母"会在婴儿啼哭时提供食物与安抚；精神分析师相信，这些孩子长大后会成为信任别人且心胸开阔的成人，创造良好的人际关系。被困在自己的问题中的不称职照顾者，可能会不顾婴儿的哭闹，或者不按时喂食；精神分析师认为，这些孩子将来不容易信任别人，不擅长经营人际关系，甚至会罹患严重的精神疾病。大部分人的经验会介于这两个极端之间，事实上，精神分析师使用的是"足够好"这个字眼来描述大多数人接受的亲情照顾。

在探讨养育对性格形成之影响的研究中，最有名的是由英国精神分析师约翰·鲍尔比于20世纪50年代进行的一项研究，他是伦敦塔维斯托克诊所儿童部门的前主任。他研究一群恒河猴宝宝，有些是由猴妈妈正常抚育，有些只接受食物与水，而第三组猴宝宝则给予它们一个代用品（线圈上包裹着软布）。毫无意外地，那些没有接受任何抚育的猴子变得行为乖僻，而由母亲抚养的猴宝宝则行为良好。那些被给予代用品的猴宝宝表现不如由母亲抚育的猴宝宝，却比只接受食物与水的猴宝宝好很多。

鲍比指出，我们的安全感与焦虑都根源于我们与主要照顾者之间的关系。他的研究导致了"分离焦虑"理论的诞生。1978年，安斯沃思、布莱哈、沃特斯与沃尔开展的"依恋模式"研究发现，人类可分成三类：第一种人有"足够好"的童年，能够轻易与人亲近（安全型依恋），约占总人口的56%；第二种人具有不好的童年经验，不容易信任别人（逃避型依恋），占总人口的25%；第三种人的童年需求未获满足，亦即他们所获得的爱不够，这类型的人发现他们希望接近别人，但别人却不愿意如他们所愿地接近（焦虑矛盾型依恋），占总人口的19%。

想到我们成年后的人际关系居然受到婴儿期经历如此强烈的影响，一开始会令人觉得很沮丧，毕竟我们无法回到婴儿时期去阻止伤害的发生。然而，成年后的两性关系确实给予我们第二次机会学习有关亲密的课题。成年后的两性关系几乎就像母子间的情感联结一样亲密，而许多伴侣甚至使用婴儿般的说话方式来表达情感。那么这究竟如何运作呢？以我案主的童年故事为例，有些人经历许多虐待创伤，却能长成心智平衡且正常的大人，这常常让我感到惊奇。经过时间的治疗，再加上谨慎地选择伴侣，以及不断地辛苦努力，这些受伤的孩子创造了一种不仅能减轻过去伤痛，而且能提供力量的亲密关系，而不把这些问题传给下一代。我可以举出很极端的例子，但是我认为举一个适中的例子会更具启发性。

48岁的安吉拉已结婚二十七年："在我成长过程中，父亲离家又回家多次，他一去不回的那次，我不记得我到底几岁，大概是8岁。虽然父母吵架很可怕，而且我痛恨父亲打母亲，然而最糟的莫过于他离开后，却没有人说起究竟发生了什么事，完全没有。如果朋友问起我父亲，母亲都让我说他出去工作了。保守这个秘密是很糟的一件事，非常糟。即使长大之后，每当我试着提起父亲，我母亲总是不理睬我。"安吉拉的母亲在门边放了一根棍子，她不仅用这根棍子来惩戒女儿，而且也会在暴怒之下痛揍女儿，难怪安吉拉不太容易与人建立关系。"不过，我后来遇到一个好男人，虽然一开始我不容易信任他，但我还是做到了。我生命中最骄傲的一天，就是与我丈夫手牵着手，注视着我们的女儿完婚。我与女儿的关系很好，我们时常开心大笑，而且无话不谈。我和女儿的关系完全不同于我和我母亲。在女儿结婚的那天，我真心觉得，苦难在我身上就终结了，没有延续到女儿身上。但如果没有丈夫的支持与适时介入，我是无法做到的。"

恋爱，隐含着一种宣誓，有时候甚至是显明的：我会照顾你。好母亲——或者用精神分析学家的话来说，"够好的母亲"——与其婴儿之间也隐含着同样的誓言。难怪当某人不再与我们相恋时，感觉像是一场非同小可的背叛。这时我们的反应是超乎理性的，但是当时我们所面临的，其实是个性的一部分，而这部分的个性形成于我们还无法做逻辑思考的婴儿时期。

成年后的情感关系也许能提供机会，让我们回去面对最困难的那些议题：信任、亲密、分离，还有爱。然而，它不是一颗神奇的子弹。我小心翼翼地选择"机会"这个字眼，因为一对夫妻需要勇气、决心与毅力。可惜的是，许多夫妻放弃得太快，被争吵与痛苦吓跑了。一般人常常误以为关系已彻底被摧毁，但实际上却是两人正在努力解决深植于童年的难题，这反而是希望的象征。

我们选择与自己相似的伴侣，或者多少和我们背景互补的伴侣。我所说的背景不是指社会地位——虽然这些因素也有一定影响——而是家族特征。莱恩是现代心理治疗先驱之一，他写道："我们参与了一场不曾读过或看过的戏剧演出，我们不知道角色剧情，只瞥见角色的存在，但是角色的开始与结束，都超乎我们目前的想象与理解。"每个人的家庭剧本不只影响自身的个性，也影响对伴侣的选择。

有个"家庭系统"练习常用来训练新的咨询师，从练习中可看出我们为什么和某些人比较"合得来"。当这个训练课程开始时，学员们彼此都不认识。他们被要求在教室内四处走动，彼此不能交谈，相互有好感的两人自动组成一组。接着，他们比较彼此的背景，往往会惊讶地发现彼此的家庭背景如此相似，比如双方都不善表达情绪、易怒，或者有离婚问题。无论之间的联结是什么，我们似乎都有一部内心戏等待上演。我们寻找其他人（即你的伴侣）来把这些童年时无法解决的问题演出来，我们的另一半必须使用同样的语言，并且愿意演出同样的戏码，否则双方就会完全没有联结。

贝琳达与蒂埃里已结婚十年，当他们初次相遇时，对于彼此虽然来自不同文化却有类似的家庭背景而感到惊讶。"我8岁时，爸爸离开了妈妈。他并不是个特别好的父亲。蒂埃里和他母亲与外婆住在一起，所以我们都是来自没有父亲的单亲家庭。"贝琳达说。他们的共同任务之一，是学习如何成为一对夫妻。蒂埃里解释："当时的情况真的很令人困惑。我们知道母亲的角色——我们的母亲都太棒了——可是我们不知道该如何当一个妻子或一个丈夫。这两种角色应该有什么样的特质呢？该做什么事？"如果贝琳达当初选择的是一个在传统家庭中长大的男子，该男子的家庭剧本可能会认为该由男性主导一切，因而这男子比蒂埃里更不愿意交流妥协，那么这对贝琳达来说会更困难些。同样地，如果蒂埃里选择的是一名在有父亲的家庭里长大的女子，该女子可能会对男性角色有特定的期待与希望，这很可能会让蒂埃里吃不消。找到一个可以和你一起解决过去潜在问题的伴侣，会非常具有治疗效果，但也会造成紧张。这就是为什么相爱却不相恋的情形也可以具有正面意义，即其中一方再也不想躲在仁慈和蔼的假象背后，而是准备好跳进过去的复杂记忆中，去发现一段更令人满足的情感关系。

小　结

» 不快乐就像癌症，慢慢地扩散到整个生活，感染每个角落，包括：情感关系、工作与友谊。然而，第一次感受到疼痛的部位，不见得就是感染的源头。

» 虽然很少有夫妻因为丧亲之痛而寻求婚姻咨询,但当我要求案主指出他们何时出现婚姻问题时,最常见的诱发原因就是朋友或家人的死亡。
» 我们的社会尤其不太乐于讨论心理议题,因此,如果有人挣扎于与心理相关的问题,那么痛苦有可能是表现在别的地方,例如婚姻关系。出现这种情形时,分手无法根除癌症,只是逃避二次感染罢了。原本的不快乐依然未获治疗,甚至可能会进一步恶化。
» 一般人对于婚姻抱有很多期望,认为"爱能征服一切"。虽然爱具有不可思议的治愈力量,但是夫妻必须在两人关系中投入更多精力与决心。
» 本章主要是让对婚姻失去热情的夫妻看到问题的全貌,而不是把全部问题归咎于婚姻关系。如果你的伴侣出现相爱却不相恋的问题,请试着别让自己觉得完全被打败,或者太快放弃。
» 夫妻双方都该用全新的角度审视婚姻中的问题,承担自己该负的责任。

练 习

自我诊断:还有什么东西躲在你们相爱却不相恋的问题背后?

下面的问卷是要帮助陷入相爱却不相恋困境的人评估现状。在二十五个题目中,有些似乎很奇怪,请见谅,但请继续把题目做完。不要思考太多，只要把你即时想到的答案写下即可。不需要写太长，只要几个备注和关键字就好，不过你可能会希望写长一点，尤其当你的想法困在脑袋里打转时。你可以自己决定。在答案栏中，你会找到对每个问题的解释、如何诠释你的答案，以及如何建立更广的视野。

1. 你觉得不快乐已经多久了？
2. 你能说出一个精确日期吗？
3. 你当时几岁？
4. 回想你18岁的时候。你会希望如何回想起这个年纪的情景？你希望当时完成了什么事情？
5. 你第一次开始觉得不快乐时，你的孩子几岁？
6. 当你第一次觉得不快乐时，你的生活里发生了什么事？答案要尽可能详细。
7. 当时你另一半的生活中发生了什么事？
8. 当时你最好朋友的生活中发生了什么事？
9. 当时你孩子们的生活中发生了什么事？
10. 当时你工作中发生了什么事？
11. 当你工作中发生问题时，你是如何处理的？
12. 你认为目前工作中最大的问题是什么？
13. 当你第一次觉得不快乐时，你父母的生活中发生了什么事？
14. 认真观察你父母的生活，他们如何应付挫折？他们是否有任何心理健康方面的问题，例如抑郁、焦虑或过度担心？
15. 把焦点放在你今天的不快乐。如果让你只选择一件事，最令你困扰的是哪件事？
16. 你以前曾有过这种感觉吗？
17. 这个问题对你的婚姻有什么影响？
18. 你以前遇到和另一半之间的难题时，都如何处理？
19. 你是否和其他人有过类似的难题？你当时如何处理的？
20. 你的婚姻有哪三大优点？
21. 如果可以的话，你希望能改变与另一半相关的哪件事？请尽可能明确回答。
22. 你会如何形容你与另一半的性爱关系？
23. 你希望现在发生什么事？
24. 你希望未来的生活是什么样子？请尽可能详细回答。你想住在哪里？你想做什么？你希望房子看起来是什么样？还有谁会在那里？
25. 你如何实现这些希望？

诠释你的答案：

1. 这个问题是想确认不快乐是否有基本背景。
2. 如果你可以明确指出目前问题的起始，将会有所帮助。如果你说不出明确的日期，但若是在3~6个月内发生的，那么在做推论时也会有帮助。例如如果你的年纪接近父母过世时的年纪，有可能引发你的抑郁情绪或不快乐。
3. 想想你当时的生命阶段以及一般人在该年纪会面临的问题。
4. 我们常常会忘记自己随身携带着成见。这个问题是要帮助你通过自己较年轻的眼睛来审视自己，并且重新评估。

5. 回想你第一次觉得不快乐时孩子的年纪，而你自己在那个年纪时，生命中发生了什么事？我们的子女生活中发生的事件，往往会奇妙地使我们回想起童年时的事情。最典型的例子就是，你的父母就是在你那个年纪离家的。我们以为所有事情都已经处理完毕，但是它又回来困扰我们。

6. 这个画面越详细，就越容易找到诱发点。所以试着再增加一点信息，也许找到一些当时的照片可以唤起你的回忆。

7. 婚姻关系是如此亲密的一件事，因此一方生活中的事情必定也会影响对方。

8. 朋友的举止也会引发我们的情绪，进而影响我们的生活。通常社交圈里的一对夫妻离婚，会引起一阵冲击波。

9. 我们太关心子女，因此他们生活中的挫折也会在我们的生活中产生涟漪。例如孩子若在游乐场受到欺负，也会使我们特别注意到办公室里的不公平对待，或者让我们想起自己童年时的不愉快。

10. 我们花太多时间在工作上，或者思考工作，所以我们常常在工作上建立身份认同。这对你的问题有什么启示？

11. 这个问题和第18题是同一组。比较你解决工作与家庭问题的差别，两者的差异是相辅相成，还是互相抵触？

12. 工作的问题与家里的问题相似还是不同？如果两组问题完全相反，你很可能会以为它们之间没有关联，然而，这两组问题往往是一体的两面。

13. 我们不仅要分析你父母对你的影响，也要分析他们在你小时候给你的感受如何影响你的现在，例如他们是否控制欲很强？是否与你疏离？或者令你很生气？
14. 这个问题是为了找出任何遗传的心理健康问题。我们年纪越大，就变得和我们的父母越像。
15. 你现在的不快乐是源自你生活的哪个范畴？
16. 你的不快乐有模式可循吗？
17. 你的婚姻是否反映了这个问题？或它就是问题的根源？
18. 这个问题是与第11题同一组。男性处理工作与家庭问题的方式很不一样。如果你处理的方式的确不一样，你有什么感想？哪一种处理方式比较能反映真正的你？
19. 你的另一半是否有什么事情使你的行为举止不同于其他生活领域的表现？这是好事还是坏事？
20. 有时候我们忽略了很多好事，最好能把它们想起来。
21. 如果你的答案很笼统，例如我希望另一半更有耐心一些——请加上一个例子，让答案更明确些。例如我希望我迟到的时候，对方能更有耐心一些。这可以给对方一个明确的改善目标。
22. 如果某人宣称有颗神奇药丸可以解决你和另一半的任何性爱问题，你会做何感想？这让你对于婚姻有什么新的了解？
23. 这是另一个有关设定目标的问题。
24. 我对这个想象生活的细节很感兴趣，也很好奇这个想象何时会发生，一年内？5年内？或者10年内？一个人越是深陷在危机中，就越难为这个想象的生活指定一个明确的日子。如果你对这个问题的作答很少，请再试一次。不要局限于你自己，这只是个幻想，而你可以在幻想中成就任何事情。

25. 一旦你对你要去的地方有了清楚的想象画面，实现改变的秘诀就是，画出从今天到想象的未来之间的路径图。第一步往往是最难的，所以请先从容易达成的小事着手。第一步之后是什么呢？

你可能要花好几天来让这些问题沉淀。给自己一些空间，然后回去审视你的笔记。把一张白纸分成三栏："个人的""婚姻的""都不是"。仔细读一遍你的答案，并且为这些答案做恰当的分类。你还有其他要补充的吗？通常答案都会落在项目最多的那一栏，有时候光是一个项目就可以抵得上其他所有项目。

是过去的问题，还是今天的问题？

虽然第一个练习是为了相爱却不相恋的人而设计，但这个练习也是为夫妻设计的，因为有时仍处于"恋爱中"的人也会有一些从前遗留下来的问题。

花一个晚上，回味旧相册与家庭录像带。

1. 注视着你父母的照片，假装你的另一半从来没有听过有关你父母的任何故事。你父亲是什么样的男性？哪三个词汇最能形容你的母亲？
2. 专注回想你父母给你的感受，然后开始找出昨日与今日之间的关联性。

3. 注视你们俩各自在你们的孩子现在这个年纪时的照片，发现了什么？
4. 拿出你们孩子的一张近照。当你思索着你的孩子今日生活里所发生的事情时，是否也让你回想起自己的过往？
5. 最后，评估一下这些照片或故事是否与你目前的问题有关联，或者让你产生新的启示？是否有任何一件你们过去曾一起做的事情可以重新回味，而有助于改善今日的关系？

步骤6　互相给予

"我真的很感激你昨天为我做的事。"
"没什么啦!"
"我好好想了一下,我想做一件事来回报你。"
"那是我的荣幸。"

有时候,最微小的举动也会造成很大的不同,尤其怀着宽阔慷慨的胸襟之时。

当你遇到招架不住的问题,例如你的另一半失去对你的爱恋,这个道理尤其真切。然而,如果失去爱恋感觉的是你,那么之前的五个步骤能让你重新审视一番,并且让你的伴侣感受到足够的善意。

第9章

找到关系的正负"引爆点"

当婚姻陷入危机,大部分夫妻都会认为必须努力改善才能得到好结果。他们往往发誓更努力且力求改变:更体贴、更开明、帮忙做更多家务——你可以举出自己的例子。在最初几天里,双方都表现得很模范,只可惜好景不长,难以持久。结果是更加痛苦,甚至是忧郁沮丧。

近年出版的一本经管书籍《引爆点》[1]中,作者提出如何在一个看似不可能的情势中引发改变的崭新观点。作者马尔科姆·格拉德威尔在书中写道:"我们本能地鄙视简单的解答,所有人似乎都觉得,真正的答案必须包罗万象,顽固且不分青红皂白地努力是一种美

---

[1] 本书简体中文版已于2020年8月由中信出版社出版。——编者注

德。"他进而赞美"急救绷带式的解决方法"（紧扣目标、重点治疗之意）："评论家们把它当作一个贬义词来使用。但是从以前到现在，急救绷带可能已经让数百万人得以继续工作或游戏，否则他们会被迫停下脚步。"

因此，当婚姻不能令人满意时，答案并非"更加努力"，而是"以更明智的方式思考"。因此，我们必须了解改变的法则。格拉德威尔审视概念是如何形成的，并且以"引爆点"这个名词来形容某事从特殊情况跨越到主流的瞬间。例如1996年下半年，电子邮件信箱从年轻人的玩意儿变成几乎人人拥有的东西。就像多米诺骨牌似的，轻轻一推，就会造成一连串的反应。格拉德威尔宣称："一个具有想象力的人，使用一根放对位置的杠杆就可以改变全世界。"我认为"引爆点"理论也有助于解释婚姻如何在一夕之间从"还可以"变成"不快乐"。

我和案主第一次会谈时，总会询问他们的困境从何时开始。我发现大都与典型的生活改变有关，包括：孩子出生、亲友死亡、搬家、被解聘、新工作……而这些改变会让婚姻承受风险。虽然这些重大事件会使我们重新评估生活，但很少是引发婚姻问题的真正原因。"负面的引爆点"，也就是婚姻从令人满意变成不快乐的关键点，发生的时机似乎较晚，虽然很少有夫妻能明确指出究竟何时发生。但是，如果我询问为什么前一次婚姻或同居关系失败，大多数人的答案也是这些重大生活改变。有没有可能是我们在回顾时，总会认为婚姻触礁与重大事件有关？因为这样才合理。毕竟，谁会承认离婚是因为把湿毛巾留在床上，或者忘了去倒垃圾呢？

然而，"引爆点"理论认为，造成婚姻触礁的真正原因，是被我的案主称为"蠢事"的许多小事累积起来的。记住，重点是这些小事情会造成巨大的不同。格拉德威尔在书里举了一个清除纽约地铁涂鸦的例子——越来越多的人在地铁间穿梭，由于乘客增多，抢劫与犯罪案件大大降低，一个良性循环建立起来了。反观我的案主，似乎被困在一个向下的旋涡中，连"忘记收拾洗碗机里的碗盘"都会埋下离婚的种子。因此，我决定把焦点放在这些小事，而不是重大议题上。

30多岁的朱莉娅与加里厄姆争吵最多的事，就是为年幼的孩子洗鞋。她总会大发脾气，而他无法了解为什么她要小题大做。从这个看似琐碎的事情中，我发现了两个层面：第一，朱莉娅的父亲总是替她洗鞋，因此她相信好爸爸都会这么做。然而，加里厄姆从小就被教导独立自主，必须自己洗鞋。第二，孩子们的鞋代表他俩对于教养孩子的态度，她希望呵护孩子，而他希望孩子独立。一旦我们洞悉了这一点，洗鞋就不再是争论点了，他俩的关系也明显改善。朱莉娅与加里厄姆不再自我防卫，而是开始解释。这件事意味着良好的沟通会促进对彼此的了解。我们已经开始建立一个良性循环。

格拉德威尔发现两个促成正向"引爆点"的关键要素："少数"原则与"固着因素"（the stickiness factor）原则。"少数"原则打破了一般人对于婚姻的迷思——夫妻双方都必须改变。正如我对于争吵所提出的80/20法则，经济学家们谈论的是80/20法则在市场、职场与整个社会中的应用。他们相信在任何情形中,大约80%的工作,都是由20%的参与者完成的。因此,80%的犯罪是由20%的人犯下的,而80%的交通事故是由20%的驾驶员造成的。

换句话说,少数人对发生的事情发挥着不成比例的影响。同样的原则也适用于婚姻。我们总认为婚姻双方是平等的伙伴关系,然而通常其中一方总是比另一方更努力维持婚姻。许多夫妻之所以接受婚姻咨询,是因为平常为婚姻提供80%黏合剂的一方已经放弃了。37岁的人力顾问宝拉就是典型的例子:"为什么我应该做所有的努力?吃饭时,都是我在讲话,甚至连和他妈妈联络的都是我,但是杰克却没有为了满足我的需求而做半点努力。我觉得在婚姻中很孤单,所以我只好退出。"他们被困住了,愤怒地等待对方先采取行动。我对他们双方都很同情,因为他们各自觉得自己的付出未获感激。几星期后,我双手一摊,问:"你们是要争对错,还是想要幸福?"

隔周,他们带着微笑回到我的办公室。宝拉不再经常批评杰克,而杰克变得更愿意帮忙做家务。他们已经达成正向的"引爆点",但这次是由宝拉先采取的主动("少数"原则)。宝拉很高兴,不再计较自己老是承担80%的付出,因为现在他俩的付出差不多。

为什么有些信息被听进去了,有的却被当成耳边风呢?答案就是第二个原则——"固着因素"。格拉德威尔提到一个让学生进行破伤风预防接种的健康实验。耶鲁大学试过各种倡议小册子,有些只是提供文字信息,有些则附上精美图片,但是参与试验的比例依然很低。然而,一个小小的改变促使28%的学生参与了试验：附上一份标明健康中心位置的地图，并且列上打防疫针的时段。稍微用点小巧思，往往就能令人对这个信息留下印象。如果某人不听我们说话，我们会通过越来越夸张的方式来吸引他们的注意——咆哮、发脾气、威胁、扭头走人，然而一个小小的改变往往更有效。

在宝拉与杰克的例子中，宝拉学会了幽默，而不是用批评的方式来要求杰克帮忙。自从我发现"引爆点"原则之后，我花更多时间让案主们寻找不同的沟通方式，而不是用越来越大的声音重复同样的信息或行为。

当咨询接近尾声时，我和案主们一起回想整个过程，他们往往很惊讶于小小的改变居然造成这么大的影响。40多岁的教师罗宾与塔玛拉正是典型的例子。罗宾说："我不再愤怒地大步走开，而是学会为自己说话。"塔玛拉学到的沟通方式几乎完全相反："以前我以为我在聆听，但是现在如果他说的是我不想听的，我就会果断打断，让他闭嘴。"这些微小但有效的改变使他们得以更成功地处理重大生活议题——例如塔玛拉的母亲健康情况日益恶化——甚至不再借助每星期的婚姻咨询时间来讨论这些议题。他们通过一个微小却关键的修正，大大改善了沟通技巧。

将婚姻关系导向正面，比夫妻预想的容易得多，但在每个案例中，必须有一方或者双方都愿意慷慨大方地给予，才能启动治愈的过程。

什么原因阻碍夫妻找到正向"引爆点"?

我们对婚姻关系的态度根植于一套根深蒂固的假设,并视之为理所当然,很少反思它们是否真实。以下就是会阻碍你们从负向转回正向发展的四个假设:

假设1　无论我做什么或说什么都没有用

当案主因为另一半拒绝参与而独自前来时,常对自己无法影响另一半而感到沮丧。他们感觉无能为力。29岁的梅勒妮确信她的另一半毁了她一整天的兴致:"他会批评我的开车技术,'那个空当都足够你把坦克车开过去了',或者他要晚一点回家,却不先打电话,害我独自在黑暗中等待。这不是偶然事件,他知道如何惹毛我。"在稍加鼓励之下,梅勒妮承认她也知道迈克尔有哪些死穴,"每次吃饭,迈克尔都会在盘子边缘撒一撮盐巴,然后一直将食物沾着盐巴吃。"她解释,"如果我说这样多么有害健康之类的话,他就会很生气,我也担心生气对他的血压不好。"如果她知道哪个按钮会引爆负面反应,那么她一定也知道哪些按钮可以获得他的合作。"他喜欢被赞美。"她承认,并且答应试试这个策略。迈克尔过了一阵子之后才有所反应——也许是在生气,或者怀疑梅勒妮的动机不纯——但是我鼓励梅勒妮继续赞美他,不要放弃。结果,成效卓著,而且很快地,她与迈克尔的关系便开始改善了。

虽然改善婚姻关系需要双方参与,但是只要其中一人就可以启动这趟旅程。按压正向按钮，而不要去按负面按钮，便可以创造足够的善意，让另一方愿意加入。迈克尔开始打电话给梅勒妮，不只告诉她会晚回家，还会和她小聊一会儿。

逆转的诀窍：为了培养按压正向按钮的情绪，请回想你们的热恋期，以及当时你的另一半喜欢什么。有没有你现在可以重现的事情？

假设 2　我，我，我

这个障碍会让人只专注某件事情如何影响自己，却忘了设想这件事对另一半有何影响。例如梅勒妮发现难以接受迈克尔的赞美，当他说新发型很适合她时，她会借开玩笑来闪躲："至少让我看起来比较清瘦。"最后迈克尔就不再赞美她了，而梅勒妮开始抱怨他从来不在意她。为什么梅勒妮难以接受迈克尔的赞美呢？"我觉得那样太以自我为中心了，仿佛我很自恋似的。"但她是否设想过迈克尔的感受？她思考了很久，平静地说："当我开玩笑的时候，他可能觉得被轻视了。"

逆转的诀窍：下次某件事令你不开心时，说出它对你的冲击，最好是大声说出来，然后问问你的另一半对这个问题做何感想。

假设 3　执意迈向路的尽头

这个障碍之所以发生，是因为认为某个既定方法可以挽救婚姻，而不顾一切地朝那个方向前进。当玛丽与盖文刚开始接受婚姻咨询时，我先与他俩分别会面了一次。他们无法应付冲突，所以干脆不和对方交谈，以免引发更多争吵，但是最后反而产生更多误解。情况很严重，盖文对未来很灰心："我已经试过一切方法来建立沟通桥梁，包括：为玛丽的50岁生日买一份特别礼物；为她举办一场生日派对，邀请她的所有同事、朋友与家人，但是她一点儿也没有肯定我的努力；当我继承一笔遗产时，我把所有钱都放进我们的联合账户，以支付她的透支开销。她的确向我道谢，却无济于事。我不知道还能做什么。"当他们开始一起接受咨询时，盖文下定决心要厘清他们的财务状况，所以把所有账单与银行存款资料都带来了。虽然他们再度出现财务赤字，但是玛丽却回避金钱话题，整场咨询的对话就一直在兜圈子。盖文不想挑起争端，所以一言不发，却不断朝我使眼色。他的意思似乎是说："你看吧，我试过一切方法了。"许多夫妻最容易在这个关键时刻放弃，并且相信离婚是唯一答案。不过，盖文并没有尝试更多方法，他只是执意迈向路的尽头。

格拉德威尔在《引爆点》里提到很多个人如何促成社群重大改变，或者把小生意变成数百万美元资产的公司，启动所谓的"社会趋势"的故事。他写道："我们以为的世界，不一定完全依照我们的直觉。那些成功创造社会趋势的人士不见得只是依照他们认为对的行事。"他继而描述这些成功的改革者如何尝试其他方法，甚至是其他人认为违反直觉，或者愚蠢的方法。盖文的直觉告诉他，金钱是他们问题的根源。他们确实负债累累，而他尽了一切努力想解决他们的财务问题，但他并没有尽一切努力挽救婚姻。经过几次咨询之后，玛丽显然希望盖文能和她谈谈，但不是谈钱，而是像构成幸福婚姻关系的日常对话一般，交换彼此的观点与信息。一旦盖文开始交谈，而不是执意把对话导向金钱，他们的关系就开始朝正向发展了。

逆转的诀窍：如果你觉得自己已尽了一切努力，请列出这"一切努力"的清单。然后仔细检查这份清单，删掉那些让你一直原地打转的项目。最后，反向思考一下，有什么是你尚未尝试的？

假设 4　老狗变不出新把戏

这个障碍不仅假设另一半不会改变，也假设要求对方改变是不道德的。然而，格拉德威尔写道："追根究底，成功的趋势所赖以为基础的，是坚信改变是有可能的，相信人们只要遇上对的刺激，就可以彻底改变行为或信念。"他继续补充："我们喜欢自以为独立自主又有主见，认为自己的个性身份与行为举止永远都受基因与性情的影响。事实上，强力影响我们的，是我们周围的环境、当下情境以及周围人的个性特质。"

在每周的婚姻咨询里，我遇到一些担心另一半不会改变的人，也遇到另外一些抱怨的人："她所希望的我，根本不是我。"或者，"结婚时，他就知道我是什么样的人。"然而，每周我都看到小小的调整，虽不是个性上的根本转变，但足以满足另一半的需求，从而走向更令人满意的婚姻关系。

回头看看那对有着金钱问题的夫妻。玛丽害怕盖文想要改变她的核心人格特质，她坚信："我工作很辛苦，理当善待自己。"（玛丽的工作的确需要长途通勤，工时又长，她觉得很乏味。）玛丽认为盖文想把她从浪费的人转变成节约的人。事实上，盖文担心的是花太多钱在外面就餐上。"到餐厅吃饭真是浪费钱。"他抱怨。玛丽反击："我值得被呵护照顾。"最后他们终于找到折中方法：盖文会买上等的牛肉与食材来做一顿大餐，并且亲自下厨。"我甚至穿上最好的西装，假装自己是餐厅总管。"他开玩笑说，"你应该看看当我领着玛丽走到铺着最好的桌巾、摆放着整齐的餐具以及鲜花的餐桌时，她脸上的表情。"玛丽觉得被宠爱，而盖文很高兴省下了一笔钱。他们改变了吗？是的。除了生日与其他特殊日子外，他们不再上高级餐厅。他们更幸福了吗？相当确定。他们是否从根本上改变了彼此的个性？并没有。只不过这不再重要了，因为他们只做了小小的调整，就得到丰硕的成果。

逆转的诀窍：写下你希望另一半改变的每一件事，然后回头挑出与性情或个性有关的事项——因为这些都是难以改变的，所以，把这些事项改写成特定的行为，这样比较容易改变。例如把"更体贴一些"改写成"在情人节当天带我出去吃饭"。

找到你们自己的"引爆点"

重大的转变往往来自一个小小的内在改变。以下四个小建议，可以帮助你达到重燃爱恋的第六个步骤：互相给予。

» 留意你加在自己身上的内部障碍。一般人常常等待对方承诺改善彼此关系，这些人的心里往往有些小测试："如果他/她爱我，就应该多关心我一些。"或者"如果他/她爱我，就应该多表现一些情感"。然而双方都不把这些话告诉对方，所以这些测试老是秘密进行。请你慷慨大方些，放弃这些试探，主动表达改变的诚意。

» 当你早晨醒来时，想一想："我今天可以做哪件事——无论是多小的事——来改善我的婚姻关系？"

» 下次你和另一半意见不同时，试着去真正了解对方为什么会坚持看似完全相反的立场。给对方质疑的权力，毕竟这是你敬重的人，如果对方坚持某个立场，一定有其道理。

» 相爱却不相恋的情形之所以产生，是因为这些夫妻选择了平静的生活与便宜行事。因此，请采纳一个新的座右铭："我不再为自己而便宜行事了。"每当你面临两个选项时，永远选择较有挑战性的那个。你越用心投注于你的婚姻，收获就越多。

如果你正在寻找一些较大胆的"引爆点"点子，或者你的婚姻正陷入危机，需要较强效的方法，请参考文末的练习。事实上，我要更加强调：这是本书里最有效的两个练习，务必阅读！

如果我们已经分居了怎么办？
尝试"引爆点"是否太迟了？

夫妻分手之后，通常要么退回到中立的互动模式，要么就因愤怒而按下负面按钮。然而，大部分相爱却不相恋的夫妻都很犹豫是否该结束婚姻，因此会在潜意识里寻找留下来的理由，而不是离开。这些夫妻虽然要多按一些启动正向反应的按钮才能让婚姻起死回生，但还是得警惕自己是否按下了负面反应钮。我建议，每误按负面反应钮一次，至少按下三次正面反应钮，以抵消负面效果。

小 结

» 小小的改变可以启动正向循环，并且对婚姻造成大大的影响。请尝试更明智的思考，而不是一条道走到黑。
» 如果不去挑战根深蒂固的假设，那么婚姻不仅会持续循着旧路走下去，而且会看不到其他转机。
» 亡羊补牢，犹未为晚。
» 千万不要低估一个慷慨且敞开心胸的举动。

练 习

正向强化

"引爆点"即是找到看待事情的新方法。有了新的观点，小改变也能成为大改变。这里有个训犬的亲身体验，听起来也许奇怪，但请听我说下去：

幼犬常常让人筋疲力尽，必须随时注意它们，否则它们就会啃咬祖传古董餐桌的桌脚。虽然小狗很想取悦主人，但是它听不懂人话，也不知道什么是好行为或坏行为。我常常对着我那条叫"闪闪"的小狗喊"不"，所以它可能以为那是它名字的一部分。当我带着闪闪去训犬机构，训犬师问我们："当你们的小狗安静地躺下来时，你们有什么反应？"我举手说："松了一口气。"另一名学员补充："继续做家务事。"这些都不是正确的答案。"大部分人都会这么说，"训犬师解释，"但这是你们最不该做的事。如果小狗表现良好，那么它要如何知道这是个好行为？而当它顽皮时，你们都怎么做？"我们全都笑了，因为根本不需要回答：我们完全被小狗吸引住了。"你们全都在用负面的注意强化它的坏行为，而不是奖励好的行为。"训犬师说。

从此之后，只要闪闪在太阳底下打盹儿，我就会抚摸它的肚子，赞美它；当它过度激动，开始在屋里横冲直撞时，我就不理它。起初我还质疑是否该奖励它的好行为，但是几天之后，闪闪开始平静下来。我立刻明白，那些奖励真是值得的——我不必再花时间追着它满屋子跑。

以下是可以用来正向强化，借以"训练"你另一半的诀窍：

1. 回想过去24小时，你批评另一半的行为或坏习惯多少次？你经常赞美对方吗？你对另一半是赞美多？还是批评多？
2. 不再负向注意。例如当他看太多足球节目，或者她经常晚上和女性朋友出去玩，先别抱怨，而是耐心等待对方的改变。如果你的目标是希望彼此有更多相聚时间，那么下次当你们一起出去时，告诉对方："我真的很喜欢与你分享这一切。"借此强化对方的正向行为。
3. 正向强化建立在感激与赞美之上。不要忽略这一点，没有人会抱怨过多的感激与赞美。
4. 不要将任何事情视为理所当然。杰夫已经搬进玛蒂娜的房子，却一直没有在自己家里的感觉。最后玛蒂娜同意彻底整修房子，杰夫也分摊了整修费用。完工之后，杰夫告诉她："我知道这对你来说很不容易，尤其整修必须借一大笔钱，而这令你很不安。所以我想让你知道，我真的很感激你这么做。"玛蒂娜当然知道这些，但是由杰夫亲口承认并且大声说出来，对她来说很重要。想想有哪件事是你感激另一半所做，但你通常都把它归类为"不必说出来"的，这一次，请大声把感激说出来。让你的赞美尽可能具体。下面哪一句话听起来比较真心诚意：是"谢谢你做的一切"，还是"谢谢你今天帮我修车，这真的让我轻松多了"？

翻转技巧

有压力的时候，我们的反应方式有限，我们可能咆哮，大发雷霆，或保持沉默。如果这些都不管用，我们会变本加厉：尖叫，好几天不讲话，甚至破坏家里的东西。很快地，我们被困在同样的圈子中，行为变得越来越极端。这听起来是否很熟悉？以下有个简单的技巧可以打破僵局：

1. 下次当你快要做出你往常的反应时，停下来想想：我可以采用什么不同的反应？
2. 说真的，无论什么方法都没关系，任何反应都胜过你往常的反应——我们都知道你往常的反应会引发什么结果，也知道你往常的反应没有用。
3. 试着采用不同的反应，并观察另一半的反应。这也会让对方开始思考，甚至避免对方陷入一种定式反应。
4. 思考一下与你平常完全相反的行为，并试用那个行为。别陷入沉默，而是开始讲话；别乱丢家里的摆饰，而是把它们整理一下。令人惊异的是，一个完全相反的行为往往是良好沟通的关键。
5. 记住，别再使用无效的反应，而是把它翻转过来！

步骤7　学习

"事情似乎好多了。"

"我同意。"

"有时候我担心就因为太好了,以至于无法持久。"

"那是过去的事了。"

"万一我们又回到老样子,那该怎么办?"

成功的组织已经学习到,停留在原处还不够好,必须不断地更新改善。婚姻关系也是一样,避免停滞最好的方法,就是承诺持续学习。

第10章

滋养爱情的 6 个好习惯

许多夫妻在婚姻咨询接近尾声时,都会达到一种喜乐状态,觉得他们的努力终于得到回报。依恋之爱绽放,而再度苏醒的迷恋使他们相信,两人又可以共攀山峰、击败所有挑战。然而,这种魔法稍纵即逝。过不了多久,他们就会意识到从迷恋的高峰坠落其实是一件很容易的事,这个社会对夫妻关系的支持非常缺乏,再加上日常生活的压力、24小时工作的负担,喜乐瞬间转变成恐惧。所以我们要如何保护婚姻呢?

不只是婚姻备受压力,极受推崇的高档商店也可能因为一连串误判而陷入风险,政府机关也很容易被指控脱离现实。提供同样的服务已经不够,因为竞争者互相较劲,人们的期望越来越高。这就是为什么许多企业将"永续成长"奉为圭臬。这个概念最初是由丰田汽车集团提出来的,之后被许多商学院采用。这个概念意味着,某件事情除非越来越好，否则就是在衰退中。因此，管理层与总裁并不以"好"为满足——当然都不够好——而是要精益求精。虽然我们不应让婚姻受到这些市场压力的影响，但我们可以借鉴其中一些不错的概念。

学习可以提供婚姻保持鲜活的优势条件，不让任何事情被视为理所当然，并且提供深化依恋的方法。但我们如何知道哪些事情能让婚姻幸福且满足呢？这对相爱却不相恋的夫妻来说很困难，尤其许多夫妻都被朋友公认是最不可能出现问题的伴侣。此外，专家们只提供零碎线索，因为大部分心理学家专注于研究失败的婚姻关系。因此我决定搜寻科学期刊与自己的档案夹，发掘构成幸福婚姻的要素究竟是什么。

我发现，婚姻成功的夫妻往往在不知不觉中培养出六个好习惯，而这可以帮助所有婚姻关系的持续改善。我从最简单的习惯开始谈起。不过这是一个整体，就像重燃爱恋的七步骤一样。逐步将各个习惯纳入婚姻中，会使下一步骤进行得更加顺利。

投资时间

当关系恶化时，夫妻常常会各自为政，从而产生更多误解。一周当中，一旦扣除工作、通勤、睡觉与看电视时间，一般英国夫妻的相处时间便所剩无几。根据英国统计局的资料显示，每周大约只剩三个半小时（或者每天只有24分钟）可以共同从事社交、运动、爱好与兴趣。即使只有一点点额外的相处时间，都能得到良好的回报。华盛顿大学的约翰·戈特曼研究了数百对夫妻的互动，并且持续追踪数年。他主张，每周投资5小时，就会造成深远的影响。

尼克与安娜为了挽救婚姻，也尝试投资时间。他们的社交生活都围绕着他们的朋友，所以他们决定每周保留一个晚上给对方，无论朋友的邀约有多么吸引人，都以夫妻俩的约会优先。当他们的约会与公园的莎士比亚戏剧表演冲突时，他们想出了第二个投资方法。在那个特别的星期中，他们每天晚上挪出15分钟聊聊白天发生的事。通过这种小小的聊天，尼克与安娜可以维持两人的约会，而重要议题也会自然浮现。"这比尼克宣布'我们必须谈一下'好多了，"安娜说，"他每次那样宣布时，我就会开始恐慌，整个人变得防卫性很强。"婚姻圆满的夫妻会把彼此相处的时间摆在日常生活的第一位，借此宣告他们对婚姻的重视凌驾于一切事物之上。

一起大笑：分享笑话与逸闻趣事

对许多婚姻美满的夫妻来说，欢笑是击败一天疲累的武器。"大笑真的很有用，"54岁的实验室技术人员伊丽莎白与担任营销主管的德里克已结婚二十一年，"我们取笑自己、取笑家人，还有邻居的怪异习惯与老电影。有时候，笑是帮助我们度过困境的唯一方法。"德国的马克斯·普朗克人类发展研究所发现，婚姻幸福的夫妻擅长暂时停止争吵，以避免犯下难以弥补的过错。打发这段时间的常见方法就是开玩笑——尤其当某人开自己的玩笑时，更加有效。

言行合一

社会心理学家认为，只有10%的沟通是通过言语，但是我们却期望另一半信任我们的言语，而非行为。在匆忙的日常生活中，我们很习惯用"我当然爱你"来敷衍另一半，而不是花时间用心表现出来。这就是为什么前来接受咨询的许多夫妻中，有一方会抱怨自己的付出被视为理所当然，而另一半往往很困惑。最常见的辩解是"但你知道我不是这样"。抱怨的一方常生气地回应："我怎么知道？"此时对话便会陷入僵局。相较之下，婚姻美满的夫妻时时表达爱与感激，并且展现关心的小举动，而不是光说不练——这就是稳固婚姻的黏合剂。

我的许多案主会质疑是否该特意表达爱意，他们抱怨这样太刻意了。有些人觉得老是说"谢谢"实在很愚蠢。有些人甚至说："我为什么要感谢我丈夫洗碗？仿佛那些碗是我的一样。"这些案主担心过多的赞美会减少赞美的价值，例如他为她熨一条裤子，或者她替他从车站取回物品，就意味着必须永远承担责任。但事情一定是这样吗？婚姻美满的夫妻表达的赞美、感谢或关心的举动，不仅是强有力的，而且往往是出人意料的。偶尔一句"我有没有说过你的眼睛很美？"或者"我真的很感激你在我妈生病这段时间替我张罗"，都会被牢记在心。关爱的小举动之所以这么有力量，是因为它们专属一人。在相爱却不相恋的状况下，向另一半展现你的深情，比用苍白的语言告诉他们来得更有效。

折中的艺术

婚姻美满的夫妻之间没有谁输谁赢，也没有权力失衡现象，只有折中之道，例如可以根据时间多寡分摊家务责任。当家务严格地平均分成两份时，其中一方往往会有些微词。折中和屈从（一味让步）很不一样，屈从只会使双方更强化自己的观点，甚至为此争吵。婚姻美满的夫妻会寻求一个交会点，而不是坚持己见，决不让步。这个现象符合戈特曼教授的发现。他预测这些参与实验的夫妻的婚姻是否能持续的主要根据，就是他们如何争论及解决分歧，其重要性远胜所面临的问题类型及问题严重程度。

戴维与西蒙都是教师，已经在一起五年。直到快要分手时他们才开始学习如何妥协。虽然这对伴侣很少吵架，却都有根深蒂固的立场。戴维热爱滑翔伞运动，西蒙觉得他为了这个活动总不在家待着，导致两人没有足够的时间相处。通常戴维一个月玩一次滑翔伞，西蒙严格执行这项规定，以免戴维用掉太多周末时间。当戴维的滑翔伞俱乐部提议要出去一整个周末时，西蒙坚持不让，他们因此大吵了好几次。"戴维假期不多，而我们想利用仅有的假期好好休息一下。"西蒙解释。但是最后她决定大方一次："我决定不再为了滑翔伞的事和他吵架，因为这件事对我们的生活造成很大阴影。他知道我的感受，继续吵下去没意义。结果西蒙得到一个意外惊喜："戴维不再那么频繁地玩滑翔伞了，只有特殊的活动才参加。这件事已经不是问题了。"戴维说："因为家里的气氛好多了，我便早点下班回家，花更多时间陪西蒙。我以前都在捍卫'我自己'的时间，实在很可笑，而且真的没有必要。"西蒙与戴维都发现，他们原来都为了微不足道的小事而争吵。而他们现在的折中方法很管用，让两人都觉得更自在，关系也更美好了。

承担风险

当我们刚坠入爱河时，迷恋提供了一个全能的魔法斗篷，让我们对开启一段新关系的风险视而不见。然而，一旦迷恋退去，双方开始捍卫自己，并筑起藩篱。成功的伴侣继续承担小风险（惹另一半不开心）与大风险（其中一方快速成长并认识许多新朋友）。相反，相爱却不相恋的夫妻不愿冒险。如果他们决定承担某个风险，则象征他们的关系正在好转。丽塔和乔在一起十九年，生了三个小孩，但她发现不再与乔相爱了。而自从妻子坦承真正的感受之后，乔更加害怕自己会挑起争端。

"我的对策是强调正面的事情。"第一次咨询时，他这样说。然而，当我们循序操作重燃爱恋七步骤时，他变得大胆多了。"我们有好几个月没有身体接触了，当我们出去买东西时，她抓起我的手。我想知道为什么。"乔解释，"通常我会闭上嘴，以免听到我不想听的话，或者她可能会把手拿开。"这次乔冒了个险，告诉丽塔他很喜欢这样的碰触。"我跟他说，我只是想握住他的手。"丽塔说，"后来我们坐下来喝咖啡，好好地聊了一番。我不是说握他的手是什么了不起的举动，但是我们聊得越多，这个随兴之举似乎就越发重要。"

另一个承担风险的例子是26岁的声乐老师艾米，有人聘请她前往法国工作。她一开始的反应是拒绝："我必须待在巴黎四个月，虽然我喜欢自己坐在露天咖啡座的画面，但这表示我必须和艾伦分开。"对艾伦来说，他也不喜欢自己被困在家里而让另一半出去冒险。他坦承："老实说，我可以想象她被风流倜傥的巴黎男子热烈追求的样子。"然而，艾伦最后决定给予艾米祝福，所以她接受了那份工作。他们在"欧洲之星"列车上共度了半个周末，而艾伦也在巴黎度过了几段假期，而且也学了法语。他说："我融入了那里的生活，买新鲜的羊角面包与巧克力面包当早餐。当地食材的质量真是让我大开眼界。"最后，巴黎变成他们俩共同的冒险乐园，艾米的聘书变成两人共同成长的机会，而不是威胁。坠入情网与维系爱情都需要承担风险，不冒险的话，就无法有太多学习机会或成长。

给彼此独立空间

成功的伴侣允许彼此有成长的自由，即使这意味着必须在没有对方的情况下去做某些事情。另一种极端，则是过分依赖伴侣，以致其中一方或者双方害怕如果两人不一起行事，关系就会崩解。大部分伴侣都介于这两个极端之间，但是在艰难时期，我们多半都会更有控制欲或更黏腻。

所有的伴侣都希望另一半和自己一样：有同样的经验、用同样的方式诠释现实处境，得到同样的结论。然而这不仅不可能，而且可能不是件好事。两人一样是不错，但是了解彼此的差异同样重要。如此一来，双方才能为自己创造一个明确的空间，让自己在关系中仍保持独立性。所谓独立，不仅是形体上时常分开，思想上也允许彼此有不同想法，做出不同结论。这就是为什么独立如此重要。

世界上不可能有不发生冲突的亲密关系。即使换一个人，也是如此，不可能有完美的事情。每一对伴侣几乎都经历过某种可能分手的危机。拥有一段十八年情感关系的梅伊正是这种情况的典型："我想有时候这听起来很蠢，但千真万确。有时候撑得不够久，所以不清楚我们其实可以度过危机。伤口本来可以不必这么大，伤口会愈合。人们就是不够有耐心。"

我在本章一开始解释了成功的长期伴侣会在不知不觉间培养出六个好习惯，这里再附送一个有用的观念：耐心。这是会重燃爱恋七步骤的重要基础。未来的功课很艰辛，但最终绝对值得。

小 结

» 不幸福婚姻之所以会失败，理由各有不同；幸福婚姻之所以成功，理由却一样：这些夫妻培养出六种好习惯。

» 投资时间能让夫妻一起大笑，言行合一会创造善意，让双方领略赞美的艺术，让承担风险变得更容易，主动给予彼此独立空间。

» 学习完成重燃爱恋七步骤。持续学习不仅可以让婚姻恢复生机，也会使婚姻朝正确的方向发展。

练 习

建立新习惯

许多伴侣一开始意志坚定,但是几周后就开始懈怠。坚持下去的三个关键是:简单的事,经常做,易见成效。

以第一个习惯为例:花更多时间相处。你可能会想要筹办一场大规模活动,例如环岛旅行或者吃顿大餐。但是,这些活动无法成为习惯,因为它们特性的关系,根本不可能定期去做,因此它们的好处很快就会消失。然而,每天一起吃晚餐可以变成一个习惯。它很简单,可以定期做,而且易于测量。每个月底,伴侣可以回顾两人一起吃了多少顿晚饭。如果这个方法很吸引你,以下是一些实用诀窍,可以让这习惯充分发挥功效:

1. 不要开电视,或者别让其他分心的事物打扰你们说话。
2. 如果其中一人提早回家,先吃个三明治或小点心垫肚子,不要破坏两人一起用餐的习惯。
3. 有时候可以在周末一起做一顿饭,例如周日早晨吃顿悠闲的早餐,而且把它当成例行要做的事。

» 你希望在亲密关系中培养什么新习惯?你要如何把这些新习惯分解成可重复且可测量的小事情?

» 就像我之前讨论一起吃晚餐的习惯一样,想出一个新习惯,并试着事先找出任何可能的障碍。

一起大笑

如果你和另一半很少有机会一起大笑——事实上，许多夫妻共同的社交活动都是很严肃的成人活动，例如上餐馆吃饭。你和伴侣可以参考以下几点建议：

1. 看喜剧表演。
2. 去电影院看一场电影或去剧院看一场滑稽的戏剧。
3. 一起尝试某件困难的事情，例如溜冰。
4. 一起为慈善募款做一件可笑的事，例如两人三脚竞赛。
5. 给对方挠痒痒。
6. 与对方分享自己小时候的照片。
7. 去海边筑一座沙堡。
8. 去儿童动物园或农场玩。
9. 分享你从童年时代就很少做的某件事情。
10. 一起画一幅画。

第二部分　当危机来临

不要恐慌，相爱不相恋的告白，正是修复亲密关系的前奏曲。关注当下，正视每一种情绪，腾出更大的空间，谈论各自的需求，寻找两个人都能接纳的方案，才能回到依恋的状态。

第11章

告 白

到目前为止，我试着同时探讨那些没有感觉置身于爱的伴侣双方所遇到的状况。不过，相爱却不相恋的伴侣，却可能走到两个不同的阵营：一方需要沟通，抒发心中感受；另一方则处在震惊之中。所以我把本章分成两部分，先探讨该如何坦白表达，再谈该如何回应。

"每个星期天的午餐时间，我都和家人围坐在一起。我人在那里，但我希望自己在别的地方。"45岁的信用合作社经理格兰特说，"我太太正在大笑，孩子们聊得很高兴。本来应该很完美，我非常爱孩子，吉尔和我相处得还算不错，但我觉得很孤单。有时候她会看出我的心思，她说我脸上有'遥远的表情'，'怎么了？'她问。'没事，亲爱的'，我答。我怎么能告诉她，我觉得自己快死了。"

许多相爱却不相恋的人都很压抑，他们本能地知道，最痛苦的事情，莫过于得知爱人对自己已经失去爱恋的感觉。然而，把这些感受闷在心里非常痛苦。

该怎么做呢？大部分饱受相爱却不相恋痛苦的人，第一个本能反应就是希望事情能改变："历经暑期、圣诞节、搬家等之后，我会感觉不一样。"你可以自行增列事件清单，可是这种非常态事件往往只能短暂地舒缓情绪。在我的咨询案例中，有些人从第一次产生怀疑到最后的坦白之间，竟相隔了10年之久。通常这段间隔期在3~5年。

告白的时机

你如何知道是该谈谈的时候了？有一个明确的迹象是，当你发现内心的负面感受与外在愉悦行为之间的拉扯越来越吃力。一旦到达这个阶段，人就会变得暴躁易怒，另一半则觉得自己如履薄冰。格兰特希望自己在婚姻一点一点陷入泥沼之前就把事情处理好："我恨自己，因为我老是在挑剔；挑剔她早上在浴室里发出声音，挑剔她在沐浴时唱歌的方式，挑剔她把手提包翻出来寻找薄荷糖的方式。许许多多从来不曾困扰我的事情，如今都令我恼怒。我就像一只头痛的熊，我知道如果不赶快说些什么，我们连朋友都当不成。"就算没有无谓的厌恶，光是相爱却不相恋的情况就已经够困扰的了。

对一些人来说，被同事或朋友强烈吸引而处在出轨边缘，就是向另一半坦承相爱却不相恋的催化剂。48岁的电器行经理丹尼尔发现自己被一位女同事吸引，"在家里的周末似乎灰暗又漫长，我的心在星期一早晨开始加速，当我挑选衣服时，居然希望那位女同事会喜欢。我知道自己该做些事了"。丹尼尔已经饱受相爱却不相恋的困扰有三年了，但是他什么都没说，怕伤害妻子。"我知道外遇几乎不可避免。就算不是当时，几年后肯定也会发生。哪件事比较伤我太太的心：告诉她我真实的感受？或欺骗她？"就算"没有发生任何事"，最好也要完全坦白，并且解释问题已变得多么严重。

一旦你决定告白，便没有所谓对或错的方法来做这件事。有些人会安排一场约会，这的确可以让夫妻俩坐下来好好谈谈，却会让对方因为不知道这场对话的真正用意而担心不已。另一个选择是秘密地布局这场告白：确定孩子们都不在家，以及没有其他可能分心的事情，然后与对方进行讨论。这可以避免对方事前担忧，甚至衍生某些致命的疾病，然而风险是，对方可能会打断你的坦白，以工作压力为借口，或者要求改日再谈。第三种选择就是等待恰当的开口时机，例如当另一半询问有什么不对劲时，话题自然会被带出来。但是这个选项很容易就会变成无限期延后的借口。基于这个理由，我建议设定一个等候开口的期限。

我要提出一些警告：最好别在愤怒之际、几杯酒下肚之后，或者争吵时说出相爱却不相恋的心情。避开圣诞节、生日或纪念日，否则往后这些日子都会使人回想起这场告白。虽然中性的场所（例如餐馆）可以提供很好的谈话环境，但请避开你们喜欢的老餐厅，因为这可能会破坏对方所有与此有关的快乐回忆。无论你的选择为何，请务必挪出大量时间来对话，你的另一半可能会不断地细述一切。这场告白通常会成为一系列对话的开端。

诚实以对

持续讨论的最重要元素，是百分百的诚实。有些具有相爱却不相恋心情的人为了顾及对方感受，选择一点点地释放坏消息。这个策略不仅会破坏信任，而且会加剧痛苦。58岁的客服经理弗兰克就是没有马上全盘托出：他在年纪较大时才遇到克里斯蒂娜，由于没有养育子女的负担，所以他们投注很多时间在共同的兴趣上，如古典音乐会、剧院以及散步。弗兰克知道，即使只是想到离婚的念头，就会让克里斯蒂娜崩溃，所以他让她感觉他们的婚姻还能挽救。她开始剪下有用的文章给他，但是他根本不读。最后她直接逼问弗兰克，于是他终于告诉了她真相。她事后回忆道："真的很伤人，这是结婚后我第一次无法相信他说的话。"

有些相爱却不相恋的人则不愿多说，因为觉得说了反而会破坏关系。"我以为不告诉他我有多痛苦比较好，何必看到他皱眉头呢？" 44岁的护工希拉说，"如果他知道我觉得他不够努力，让我不得不负担大部分家务，真的会有所帮助吗？他想知道我觉得他在床上很自私，而且有时候让我觉得很无聊吗？"这些话的确不中听，但是不告诉对方，却又会剥夺对方改变的机会。就像我们之前讨论的，表达批评时，要避免贬低对方的人格，还要把重点放在特别令人无法接受的行为，以及你对这种行为的感受上。例如，希拉可以说"我需要更多前戏"，而不是"你是个懒惰的情人"。就算措辞不佳，真相永远比善意的谎言更好。

此外，有些相爱却不相恋的人试着把话说明白，但是，他们的另一半却选择低估这场告白的严重性，要么立刻加以反驳，要么极度乐观。在这种情况下，我建议用另一个传递信息的方法，例如写一封信或寄一封电子邮件。（更多清楚且委婉表达令人不舒服感受的方法，请参见第5章的"三段叙述法"。）

如果有第三者介入呢？外遇，会使相爱却不相恋的告白复杂一百倍。是外遇破坏了婚姻关系？还是婚姻关系里的问题导致外遇？这确实是个"鸡生蛋或蛋生鸡"的问题，就算是多年之后也很难厘清，更不可能在压力之下厘清。无论导致相爱却不相恋的因素各占了多少比例，"无辜"的一方最在意的是背叛。因此，最好先坦承外遇，等到最初的震惊渐渐退散之后，再来做相爱却不相恋的告白。当另一方准备好之后，会想知道究竟是什么原因导致了外遇，此时便是告白相爱却不相恋心情的时机。

第一次告白之后会发生什么事？你可能会感到暂时松了口气。你终于公开了秘密，终于可以停止假装。然而，要有心理准备，一旦另一半的震惊情绪慢慢退去，很可能会转为愤怒、难过，甚至把所有过错都揽在自己身上。接下来的几天剧情会很激烈，你们对对方的成见会受到挑战。这会很不好受，但是最后可能会成为共同成长的机会。希拉本来以为她的另一半罗伯特一定会转过身，然后装死："这实在很令人震惊，因为他把所有憎恨全都发泄出来：我如何仗着我赚钱比较多而决定该买什么，我多么咄咄逼人，我多么不愿意听他说话。他比我想象中强悍多了，虽然他的话令我生气，可是你知道吗？我又开始欣赏他了。"

有时候，相爱却不相恋的告白可以是关系修复的前奏曲，尤其当其中一方觉得从前为了挽救婚姻所做的努力都失败时。多年来，詹妮弗很不满意当建筑工人的鲍勃，觉得是自己在独立抚养两个儿子。"每次我想和他谈话，他就会躲开，仿佛有一道隐形的墙挡在他前面。我以为我可以为了儿子忍受下去，但是某天早上我终于爆发了。"詹妮弗的情况和大部分相爱不相恋的夫妻不一样，她必须忍受许多语言暴力，有时候鲍勃还会捶墙壁，她说："我必须强调，我很关心鲍勃，但是我再也不爱他了。我想，如果我告诉他说我恨他，他可能会觉得好过一些。"然而，这些话刺激鲍勃开始采取行动。不到一个星期他便安排了一场心理咨询，他告诉我："我也不喜欢我现在这个样子。"詹妮弗不知道该怎么办。她真的能够相信鲍勃会有所改变吗？第一个月最难熬，但是一旦开诚布公，詹妮弗与鲍勃发现他们可以坦诚交谈，并且开始协商。

打算暂时分居吗？

通常我不赞成分居，尤其是告白之后的几个星期会有很多讨论。然而，有些人觉得远离家庭生活的压力有助于厘清事情原委。我的许多案主都说："如果我暂时离开，也许会发现我想念他/她。"当然要给彼此空间，以厘清哪些问题属于个人，哪些问题属于婚姻。

- » 你的另一半可能会反对这个主意，害怕你的暂时离开会演变成永久分开。就算你不清楚你们需要分开多久也要试着预测。清楚说明、有明确目标的分居，会比无限期分居的威胁性低。我的案主有的只出去一整个周末，有的则选择离家6个月，但大部分人选择1~3个月。

- » 孩子怎么办？显然要看孩子们多大以及父母要分开多久。话说回来，如果复合有望，似乎没有必要让孩子们承受这种无谓的担心。但是另一方面，离婚的长期影响研究显示，毫无预警地得知父母婚姻触礁的孩子受伤最严重。通常孩子对家里的气氛都很敏感，他们担心被蒙在鼓里的程度，远甚于了解所有真相。

- » 夫妻俩最好一起把暂时分居的消息告诉孩子。夫妻俩一起出现，代表着无论未来发生什么事，你们仍会继续以父母的身份共同面对。孩子通常会从非常实际的角度来处理感情问题，例如"我生日的时候爸爸会回来吗？"。告诉孩子们之前，仔细考虑分居这件事，以及会对孩子造成什么冲击。如此，你们可能就会产生一个协议。大部分孩子需要时间来消化这个消息，所以请做好心理准备，之后可能还有好几场对话。

» 暂时分居应该从何时开始？查一下你的日程表，讨论该如何处理接下来几个月你们共同的社交活动。该取消这些活动吗？即使暂时分居，仍应该一起参加这些活动吗？是否只要其中一人出席就好？或者应该等到某个事件过后才开始暂时分居？

» 开始讨论实际的日常生活问题。你住在哪里？分居期间需要哪些联系？约定时间碰面聊聊并交换近况，甚至是约会，这很重要，这样一来，说不定你们又会再度追求彼此。

倾听相爱却不相恋的告白

"这就像在充满阳光的夏日午后，沿着一条安静的街道行走；街坊邻居的草坪都修整得很美观，孩子们正在嬉戏，男人们则在洗车。突然，一辆车从街角转进来，冲上人行道把我撞倒。我被撞飞到空中，然后脸撞上柏油路面，我发现，开车的人竟然是我丈夫。为什么他要这样对我？"这是结婚17年的玛格丽特听到丈夫告白"我爱你，但是我没有在爱里的感觉"时，她对于所受冲击的描述。就像发生车祸一样，她感到震惊、茫然、困惑，而且非常害怕。她不断想着："一定是搞错了。我现在该怎么办？"然而，跟交通事故不一样的是，不会有救护车来救你，也不会有人递给你一杯安慰的甜茶。

虽然这种情况似乎很悲惨，却有一个好处：如今，所有的婚姻问题都公开了，你可以开始寻找回归依恋的方法。但是，你必须先处理"相爱却不相恋"告白所带来的冲击。车祸发生后，第一步就是绕着车子走一圈，评估损毁情形。听到另一半不再爱你时，同样必须这么做。首先，判断对方说的是否属实？当一对伴侣只约会了几个月之后，其中一方可能会利用"我爱你，但是……"来切断联系。这些人希望借此降低杀伤力，部分原因是他们不想伤害对方，部分原因是想减轻自己的罪恶感。说得刻薄点，这些人不见得了解爱的真正意义，因此他们先前所有爱的宣言都应该被重新斟酌一番。

相爱却不相恋会被拿来当借口的第二种情况，就是其中一方有了外遇。这些人认为坏消息最好分阶段透露，38岁的健身教练吉尔解释："我以为，如果我先把外遇的事情多隐瞒几天，他就不会这么愤怒。因为我的情人并非造成我们之间问题的原因，只不过是个征兆罢了。"在那些名人分手的新闻中，当事人通常会否认有第三者介入，但是几天之后，其中一方就会被摄影师的长镜头捕捉到外遇的镜头。另一方受到双重背叛：一开始是欺瞒，而后则是谎言。此外，即便没有外遇，其中一方也有可能沉醉在"不恰当的友谊"中，要么通过网络，要么在线下热络地交往。以下几个问题可以发现"不恰当的友谊"：

» 是否与某人有私密性的交谈？
» 是否打电话或写电子邮件给某人，只为了和对方聊天？
» 是否和某人出去吃午餐？或者下班后一起小酌？
» 是否有人变得不只是朋友？
» 是否曾以亲密方式碰触任何人？

如果你已经了解相爱却不相恋背后的因素，下一步就应该找出最好的解决之道。找个愿意倾听，而且具有同理心，但不是要代你处理的家人或老朋友谈谈。被另一半告知相爱却不相恋的伴侣，会觉得向他人吐露是不忠的行为。然而，回归健康婚姻可能是一条漫长且辛苦的旅程，因此他人的支持很重要。

为了得到情势的掌控权，被抛弃的一方通常会夸大自己的缺点，并且承诺立刻改变。当托尼告诉玛丽亚失去热情时，也坦言他不满意两人的性生活。玛丽亚很在意这件事，阅读了许多相关书籍，并且保证将会表现得更好。玛丽亚确实加足力，不断向托尼进行性爱轰炸，希望能赢回他的心。玛丽亚害怕托尼会在朋友面前难堪，所以绝口不提自己的问题。这个决定虽然很体贴，却演变成反效果。她的朋友本来可以阻止她把所有过错揽在自己身上并羞辱自己。请回想我之前提到的夫妻争吵的三大法则（请见第3章）的第一条：所有争吵中，双方的责任是半斤八两。托尼的过错是没有尽快把话说明白，而且他也必须为两人不理想的性生活负起一半责任。

评估损害状况与获得帮助之后，第三个步骤就是让自己生气。许多被抛弃者的愤怒短暂爆发过后，就会哭哭啼啼，或者太好心、太轻易原谅对方，而许多人则故意低估这个消息的严重性。虽然震惊与否认是面对困难时的自然反应，但这无疑会置亲密关系、家人与家庭生活于险境，这些反应反而会阻碍夫妻正视问题。相反，愤怒会将问题、在意与期望的事带上台面，同时也告诉你的另一半，你在乎、认真看待问题，并且真的希望修复你们的关系。没有生气的话，人的本能反应是宽心："一切都会好起来的"或"我会更加努力"。当初就是这种"温和"却毫无热情的反应，让爱在关系中枯竭。如果你没有办法让自己生气，请你和能给你支持的朋友或家人谈谈，或者参考本章最后的"无法让自己生气？"练习。

下一步要做的是，思考你想要的改变。这个建议让我的许多案主感到惊讶，因为他们宁愿把焦点放在另一半身上。玛丽亚尤其抗拒谈论她的问题："如果我把我的问题告诉他，他可能会认为情况无可挽回。所以我不想谈，我必须专注在正向事情上。"但是这很容易会被当作无视危机存在，或者更糟，没有真正把话听进去。经过一些鼓励之后，玛丽亚开始顾及自己的需要。她说："托尼什么都不说，大部分时候我都不知道他在想什么。当他不和我分享感受，我也不想和他分享我的身体。"最后玛丽亚与托尼终于有了可以改善他们依恋之爱的具体目标，他们的关系开始转变：托尼下班回家后，会聊聊白天发生的事情。而玛丽亚从杂志上学到一个诀窍，例如在做爱时保持目光接触，而不是闭上眼睛或把头别开。一周后，玛丽亚与托尼来会谈时，脸上都带着微笑。他开口说话了，而她在做爱时注视着他，他俩都觉得这是多年以来与对方最亲密的时候。

这个计划对托尼与玛丽亚奏效的原因，是它满足了三个基本条件：

» 用正面的语气措辞表达需求。例如当你告诉另一半："你都不跟我讲话。"无论你的语气多委婉，对方都会把这句话视为批评。而对批评的自然反应，不是变得极具防卫性，就是开始攻击。然而，正面的要求可以引发正面的反应，例如："我真的很想多了解你的工作。"

» 提出的要求必须具体。即使有些要求是正面的，最后还是失败，因为对方不知道从何处开始努力。例如可以说："我希望我们能花多一点时间相处。"但是你希望相处时间多长、多频繁？以及你们在这段时间内要做什么？请比较一下这句话："我希望我们星期六早上一起遛狗。"

» 必须是易于达成的小事：玛丽亚并没有一开始就承诺高难度的事情，例如改用新的做爱姿势或是穿上性感睡衣，而是答应她知道可行的一件事：做爱时，把眼睛睁开。托尼也不是一开始就亲密地谈情说爱，或谈论两人的关系将如何发展，而是同意谈谈较中性的议题：他的工作。

若想知道更多有关设定正向目标的方法，请参见练习部分的"强调正面意义"。

万一另一半要求暂时分居……

» 如果你们住在一起，当然比较容易一起为挽救婚姻而努力，所以请确认另一半是否已经真的下定决心离开。

» 遗憾的是，当对方决定离开，你不可能把对方留下来。如果执意对抗不可避免的事情，很快就会造成反效果。本来焦点是另一半失去热情，很快就会转变成你"不可理喻的行为"。

» 我知道这很不好受，可是同意暂时分居，而不是让你的另一半气冲冲离开，反而可以让你取得较强势的协商位置。所以，请祝福这段分居。但是，请先要求一个月的共处时间，好让彼此慢慢接受这个事实，并且尝试重燃爱恋七步骤中的几个步骤。"最初弗兰克提出暂时分居的想法时，我心都碎了。我必须承认，我尽一切努力阻止他，包括使用情绪化的恐吓。"克里斯蒂娜坦承："我最终还是无法改变他的心意。没错，他是留在家里，但是他很痛苦，当然不可能用多好的态度对待我。如果我爱他——我的确全心全意爱他，必须让他试试看。"这个大方的举动帮助弗兰克与克里斯蒂娜找到折中办法：暂时分居，但在这段时间，他们常常见面。

» 思考务实的一面。你的另一半要去哪里？哪些是可以接受的选项？哪些选项无法接受？你们多久见面一次？我的建议是每星期至少"约会"一次——只有你们俩，在一起几小时，做些开心愉悦的事情。如果你们有小孩，要创造家庭聚会的机会。该多久电话联络一次？在什么情况下打电话？不要等到一个月的相处时间快结束时才开始讨论这些实际事项，尤其是有关离家者要到哪里住的问题，因为这能让另一半感受到你的"祝福"是真诚的。

» 列出所有分居的"规则"，以避免任何误解。我的一些咨询案例，其中一方以为在暂时分居期间可以自由与其他人约会，而另一半则以为双方仍在为彼此的关系共同努力。

如果双方对于暂时分居都有清楚的了解，就可以避免这种痛苦。

» 暂时分居期应为多久？虽然没有明确或现成的规定，但是如果你们知道期限的话，会让分开这段时间比较好过些。你的另一半可能无法清楚说出他/她需要多长时间，如果对方实在说不出明确的期限，我建议你最好设置一个可能的期限，例如三个月。大部分人的响应要么是"不需要那么久"，要么是"我需要更久的时间"。继续讨论，直到找到共识。你的另一半可能还是排斥固定的期限，事实上，也很难预测到时候你们各自会做何感想。所以，请把暂时分居的结局视为一场深度讨论的约会，而不是明确再试一次或分手的最后期限。对婚姻失去热情的人需要时间，最好是重新协议一次为期较长的分居，而不要强行快速解决问题。

万一另一半已经离开……

» 这情况并非毫无希望，本书提到的概念仍然可以应用在你们偶尔接触之际（请详读第9章）。

» 保持沟通渠道畅通。我的建议是，尝试与你从前截然不同的行径，因为这会给眼前的僵局带来新的气息。如果你们总是在家谈话，请改到外面的咖啡厅；如果你们总是在餐馆里谈话，这次改成带食物去郊外。事实上，任何能改变旧有氛围的事情都值得尝试。
» 重要的是，不要因为过度努力而把另一半推得更远。尝试任何挽救婚姻的策略之前，请先阅读下一章里的建议事项。

小 结

坦承对婚姻失去热情

» 你的想法闷在心里越久，对另一半的冲击越大。
» 确认你自己非常诚实，任何掩饰伪装，对另一半的伤害只会更大。
» 预期会发生意料之外的事，但请预先做好谈话的准备；也许你们将要说的话，会超过过去五年的总和。
» 如果你需要短暂分居或是一些思考空间，请清楚且详细地告知另一半你究竟需要什么。

倾诉之后

» 每个人对坏消息的反应都不一样，没有所谓对或错的方式。
» 别把焦点放在另一半的不满上，也别被对方的情绪起伏羁绊，而是开始思考对方需要做什么事来重获你的心。这种态度的转变可以防止你陷入忧郁，并且为你的生命提供一些指引。
» 虽然对婚姻失去热情的告白令人非常痛苦，但也可能是情感更开放的起点，并且让关系更圆满。

练 习

打算告白了吗?

回想过去你必须告知或得知的坏消息——也许你曾告知一名员工他/她被解雇,或者别人告知你被解雇;也许父母在你年纪还小时就分手了,或者你还记得父母告诉你有关祖父母过世的消息。请写下所有可以在告知或得知意外消息时让自己好过一些的方法,接着想一想会使这些经历更加痛苦的方式。这会让你知道哪些事情该做与不该做,虽然这些过程不见得能正确预测你告白时的情况,但有助于你做好准备。

强调正面意义

通常,说出我们不想要的事情,比要求我们说出想要的事情容易得多。这就是为什么当我们试着和另一半改善情况时,最后不是抱怨,就是在叙述问题。

1. 审视下面这些最常见的抱怨,看你能否把它们变成正向反应,然后找到一个微小但具体的要求。(你可以在本章最后找到一些可能的答案。)

    » 为什么总是我在清理卫生?
    » 你能不能停止粗暴地对待我?

» 你从来不主动要求性爱。

» 你老是和朋友出去。

» 我很生气你每次都躲着我。

» 你实在太爱批评了。

» 你为什么不能放轻松点？

» 你为什么不打电话给我？

» 你都不帮忙照料孩子。

» 你是不是该去修理走廊的灯泡了？

（参考答案见本章最后部分）

2. 回想你对伴侣的抱怨，写下最常抱怨的三项，把它们变成正向的要求——你想要的，而不是你不想要的。如果你找不到一个具体目标，请自问：我如何得知这个目标已经达成？

范例1

抱怨：你老是用生闷气的方式让别人猜你真正的意愿。
正向要求：你不赞同时，请立刻告诉我。
我如何得知这个目标已经达成？当我们可以一起快乐地去购物时。
具体目标：我们一起挑选厨房的新水龙头。

范例2

抱怨：总让我主导一切。

正向要求：不要把所有决定都丢给我。

我如何得知这个目标已经达成？当另一半负责安排我们出去吃晚餐时。

具体目标：另一半主动规划假期。

无法让自己生气？

如果对方向你坦承对婚姻失去热情，而你发现自己对对方实在"太好"，我提供以下七个让你生气的提示。在卡片上写下对你适用的提示，并随身携带。下次当你觉得难过或沮丧时，这张卡片可以让你把怒气发泄出来。

1. 他/她说再也不爱我了。
2. 他/她把这些感受藏在心中多年。
3. 他/她让我们的婚姻陷入危机。
4. 这会对我们的孩子/朋友/家人造成什么冲击？
5. 我觉得我比他/她付出更多努力想挽救这场婚姻。
6. 谁赋予他/她拒绝我的权力？
7. 他/她可能想和其他人约会，我要怎么应付这件事？

你能想出三个更个人化的生气提示吗？就算看似琐碎的事情也可以："我用母亲留给我的遗产替他买了新车之后，他居然这样对我。"或者，"每次她和女性朋友夜里出去玩，我都在凌晨3点去接她回家"。别试图合理化这些感受，把它们写在你的卡片上。

参考答案

» 为什么总是我在清理卫生？

正面意义：当你帮助我维护家里的整洁，我真的很感激。

具体目标：如果你能帮我倒垃圾，对我而言意义重大。

» 你能不能停止粗暴地对待我？

正面意义：我喜欢你温柔地触碰我。

具体目标：你可不可以帮我按摩背部？

» 你从来不主动要求性爱。

正面意义：我喜欢你主动引诱我的时刻。

具体目标：我不会再主动要求，直到你觉得准备好了为止。

» 你老是和朋友出去。

正面意义：我喜爱我们在一起的时间。

具体目标：我们星期三可以一起去看电影吗？

» 我很生气你每次都躲着我。

正面意义：你能早一点回家真好。

具体目标：我们下班后碰个面，一起去喝一杯。

» 你实在太爱批评了。

正面意义：我真的很喜欢你赞美我。

具体目标：我想我们该试着多向对方说谢谢。

» 你为什么不能放轻松点？

正面意义：我真的很享受我们在一起的快乐时光。

具体目标：这个周末我们一起做一件好玩的事。

» 你为什么不打电话给我？

正面意义：白天能听到你的声音真好。

具体目标：我们明天找个时间互相联络一下。

» 你都不帮忙照料孩子。

正面意义：你和孩子们一起做事情，对他们意义重大。

具体目标：今天下午你可不可以带孩子们去公园玩？

» 你是不是该去修理走廊的灯泡了？

正面意义：真谢谢你把难拉的拉绳修好了，让我的日子轻松多了。

具体目标：你何时可以修好走廊的灯泡？

第12章

安顿好每一天

当"我爱你,但是……"最初的震惊退去之后,夫妻俩往往会被一大堆问题淹没:"接下来会发生什么事""万一……怎么办""我们要如何应付?"当然,这些问题很少有简单的答案。关于未来的讨论会不断兜圈子,而痛苦似乎未曾减少。能怎么做呢?

本书第一部分提供了一个挽救婚姻的长期策略,但与此同时会发生什么事?如果你是对婚姻失去热情的那个人,那么本章的信息虽然不那么直接相关,却可以让你深刻理解另一半的心理状态。下一章的重点是罪恶感,大部分对婚姻失去热情的人,在告白过后的最初几周或数月都会受到罪恶感的谴责。无论你是告白者或被告知者,请对对方温柔一些。这段时间对双方来说都很难熬,因一方拼命在问问题,另一方却没有恰当的答案。

被告知者的最大恐惧就是婚姻可能结束，这个恐惧会大到几乎看不到其他任何问题，以及潜伏在问题背后的危机。如果对方还要求暂时分居，那么这个问题会严重一百倍。小学老师加里发现，结婚五年的妻子妮古拉搬去和她母亲同住时，他的日常作息全乱了套："我担心妮古拉的母亲会让她离开我，我担心朋友们怎么想，我担心是否能独立负担房租，我担心再也尝不到她做的烤麦片粥配奶酪沙拉。"更糟的是，加里不断回忆起过去的美好时光，每一天对他来说都很痛苦。加里在工作上擅长应付紧急突发事件，但是这一次，他觉得自己完全无力招架。事实上，他正面临短暂分居生活期间最大的两个挑战：担心与过度分析。虽然这两个挑战常常一起出现，而且互相滋养，但是两者却稍微不同；担心是针对未来会发生的事情，而过度分析通常是针对不久前所发生的事情。你要如何阻止这对敌人把你击垮呢？

担　心

我们先从担心开始讨论。第一个秘诀就是把未来切割成数个方便管理的片段。不要憧憬一个遥遥无期的未来，而是要试着专注于接下来的几周。这个方法对加里有效：与其被好几个月无法和妮古拉共度周末的想法折磨，不如把焦点放在即将到来的周末。

最危险的时刻有哪些？星期六早上他会看足球赛，所以不会有问题。星期六晚上呢？他决定找以前的老同学出来喝一杯。星期天的午餐是另一个挑战，所以他会到父母家吃饭。星期天晚上他会为下周的工作做准备，所以他很高兴能独自在家。一旦他把周末分解为多个时段之后，一切似乎好处理多了，但他又让自己分心了。"我们的夏天假期该怎么办？"他低声抱怨。通常我会很同情这种担心，但在危急时刻，最重要的是把注意力放在眼前。我告诉他："那不是你此刻的责任，你现在的任务是度过下个星期。"

第二个秘诀是搜集事实，这可以让你免于瞎操心。去市民服务处或找公诉律师，他们大都会很乐意提供初步的咨询，并找到可供利用的财务或法律资源。接下来，找一个乐于倾听的朋友，帮你厘清不合理的恐惧。这个朋友最好只是专心倾听就好，不要涉入，因为这只会使事情更复杂。

第三个秘诀是接受"每个人都会担心"这个事实，这是合理又自然的反应。你的目标是不要过度担心不在你掌控范围之内的事情，例如"他会打电话吗？"或者"她这个周末想不想见我？"请专注于你可以直接改变的事情上，例如你自己的行为。

加里与妮古拉分居期间，妮古拉举办了一场周日下午的烤肉宴庆祝她的生日。她邀请了加里、她的父母以及许多夫妻共同的朋友。可惜的是，妮古拉的父亲坚持用自己的方法来烤肉。"妮古拉脾气失控，冲进屋里。我的本能是不理会这场意外，即使他们真的咆哮起来。"加里解释，"可是我随即想到，我向来也是这样，正是因为我向来如此，以至于到了我必须哀求她允许我来参加她的生日派对的地步！我一定要改变，但是怎么做呢？"他决定做一件不一样的事，于是跟着她进屋。"我倾听她抱怨她父亲，她轻轻地哭泣。我一直在想，我以前会怎么做？也许是提议让我去和她父亲谈谈，于是我再一次告诉自己，做一件不一样的事情，所以我只是听她把话说完。可是你知道吗？这样似乎就足够了。"这场生日派对变成加里与妮古拉的转折点。虽然加里想尝试有别于以往的做法，但是不见得一定就能想出立竿见影的手段，然而这份心意就足以让他们从婚姻僵局中解脱。也许更重要的是，他不再担心妮古拉接下来会做什么，而是把焦点放在他应如何改变上。

过度分析

仅次于担心的第二个常见问题就是过度分析。担心可以说几乎一无是处，虽然分析问题的能力通常也是个优点，然而，不情愿的分居所带来的压力或威胁，可能会把有用的问题回溯转变成负面思考，这不仅无法提供崭新的见解，反而会看到镜头扭曲下的世界。试图挽救婚姻的一方开始扮演婚姻侦探：不断地回想一通电话中的对话，以寻找线索；仔细分析与另一半的面谈成效如何；搜集所有的事实，试图找出真相。过度分析会通过无数个角度来分析一个问题，直到你无法清楚思考，变成长期犹豫不决，或者最后会紧张到做出错误抉择。

你如何区分良性回溯的终点与过度分析的起点呢？通常良性回溯所涵盖的范围，是整段婚姻过程中的大小事，过度分析则是只针对过去几个月所发生的事件，而排除其他任何事；良性回溯可以萌发修复婚姻的新策略，过度分析则只是漫无目标地兜圈子。穆雷告诉佐伊说他不再爱她之后，佐伊很努力地思考，她的许多结论都有助于修复关系。然而，当他要求分离一段时间以便把事情想清楚时，佐伊却变得过度努力："每件事都成为他是否会回到我身边的线索：他多久才回复我的信息？星期天他想不想跟我一起午餐？听我们一个共同的朋友叙述他最近的心理状况，成了非常重要的线索。如果他在想念我，我便快乐得不得了；如果他累了，想提早离开，我就会沮丧好几天。"当穆雷在她心情不好时打电话来，尽管很高兴接到他的电话，但她的语气很冲，还常会有所责难。咨询期间，佐伊学习不再探寻他行为背后的深层含义，而是开始放松，享受和他相处的时间。其中有何诀窍呢？

第一阶段：认识到过度分析无济于事。人们老是过度分析，因为他们觉得自己越来越清楚现状，并且不再那么天真。但是过度分析的人最后只会对自己或另一半感觉很差。下次当你发现自己过度分析时，请在心里举起一个"停！"的告示牌，做一些开心的事情来转移注意力。例如运动，投入到兴趣爱好中，和孩子们玩一会儿，或者翻翻杂志。转移注意力8分钟就足够改善你的心情，避免沮丧的思维。

第二阶段：重新整理你的想法。告诉自己，你不是要逃避问题，只是暂时搁置以等待最佳时机。当重新安排的时机到来时，你可能会发现，所有事情不再那么令人无法招架，或者问题完全消失了。重新规划夜晚的时间尤其重要，上床前最好避开恼人的念头。

第三阶段：把你的想法写下来。不要压抑自己，就像听写一样，把一切都写下来；然后回头审视你的笔记，只标记具体事件，而不是你的诠释。继续回头审视这些事实。找一个能帮助你找到解决方案，而不是和你同仇敌忾、一起过度分析的务实朋友共同讨论。

第四阶段：寻找单纯性。大部分时候，对事件的最直接诠释往往就是最好的诠释。例如穆雷没有回复佐伊的短信，可能因为他正在开会，而不是因为任何不好的理由。

在我的经验中，过度分析的人会落入三种模式：怪罪其他人的愤怒者（例如佐伊）；总是怪罪自己的自我批评者；不知所措，而且动不动就很沮丧的彻底失败者。本章的练习"你是否容易过度分析？"有一份问卷，可以诊断你是否过度分析，以及你属于哪种模式。我也针对每一种模式提供诀窍与建议。

短暂分居期间的处理之道

我的案主通常会问起短暂分居的可能后果。这个问题很难回答，第一是因为目前没有统计数字，第二是因为每个人的情况都不一样。对某些人来说，分居也许非常具有建设性。当50多岁的律师西蒙以"需要时间思考"为理由离开妻子玛格丽时，她变得非常勇敢。"我们常常见面，方便我把邮件与物品交给他。有次我问他是否可以在周末见面，他告诉我'这要看我们今天的相处情况如何'。我气坏了。我在餐厅里站了起来，告诉他说我不想被人评判。他整个人都慌了，然后跟我道歉。他不了解我的这种感受。当我回想起来，他当时可能真的不了解，因为通常我都会说他想听的话。"她也许曾经为了挽救婚姻而言不由衷，但是她后来决定，最好的选择就是诚实。玛格丽已经找到她的愤怒情绪，也发现这样可以阻止西蒙继续欺压她。

相反，在结婚七年的丈夫离家去"厘清思绪"时，31岁的家庭主妇艾琳觉得自己很失败："我以家庭为生活重心。每个人也都认为我们是很完美的小家庭，但是我内心深处却觉得自己毫无价值。"但是，现在和过去的失落感搅在一起，那种被拒绝的滋味更难受。艾琳的母亲在她十几岁时就去世了，所以当她丈夫离开时——虽然只是离开一阵子，但还是让她回想起母亲过世时被遗弃的感受。艾琳的压力很大，根本无心解决过去的痛苦，首要任务是渡过当前的危机。此时要特别注意的是，在减轻她痛苦的同时，不要让她退回到小女孩的心境模式。（请参考练习部分的"击败忧郁"。）无论你们暂时分居的情况是好是坏，请不要急着在前三个月做出长远的决定。因为你们仍处于震惊之中，此时并不是做出重要决断的最佳时机。但是要相信：事情会越来越容易。

万一另一半逐渐远离，该怎么办？

» 第一个选择是，试着用不同的沟通方式。
» 如果你们俩平常是面对面沟通，请尝试写一封信。
» 有时候，短短几个字的效果更胜于长篇大论，尤其如果你平常总是写八页的信；买一张卡片、发个信息，或是用口红在镜子上留言，都会引起另一半的注意。

» 如果你们不常亲密地电话交谈，或者很少寄电子邮件给对方，那么这些都是很好的选择。

» 换句话说，任何会让你另一半感到惊讶，或者不让对方觉得是老把戏的方法，都值得尝试。

如果以上方法都失败，请退回来，停止追逐。

» 如果另一半想弄清楚为什么他/她对婚姻失去热情，那么一直追问"你今天感受如何"其实无济于事。

» 不断告诉另一半你仍然爱他/她，会造成相反效果。对方可能会说："我知道。"这种回答无法提供你所寻求的安心，而且会让另一半更加认定自己心里没有感觉。

» 我尽量避免刻板的性别印象，例如女性喜欢把问题谈清楚，而男性则喜欢退回自己的避风港里把问题想清楚。事实上，我遇到过许多想要谈清楚的男性与想要逃开的女性。然而，陈词滥调包含了大量的真理。你是否一直要求另一半用一种让你觉得舒服而对方不舒服的方式做出回应？

» 如果你的另一半很能说，就请对方尽情宣泄。如果你曾经这么做却失败了，再试一次，因为对方可能没有认真对待你第一次的邀请，或者因为你的提议很不寻常，让对方难以置信。

» 如果你的另一半喜欢思考，就给对方更多空间。在你眼中，你可能觉得并没有为难他/她，可是从另一半的角度来看，你可能仍在追逐或者逼迫对方。

» 宠爱你自己，换个新发型，或是享受一整天的美容疗程。任何可以把注意力从另一半转移到你自己身上的事情，都值得尝试。
» 做一件你很享受，而不是为了挽回对方而做的事情。
» 试着享受生活。我知道听起来很难，尤其当你的生活已经支离破碎之时。但是你的另一半会更想和什么样的人共同生活？是整天待在家里哭泣的人，还是心情愉快，出门去做有趣事情的人？

如果另一半表现出复合的迹象，该怎么做？

» 如果你已经找到退路，并且重新调整生活的重心，你可能已经引起了另一半的兴趣，对方可能会开始问问题。
» 不要太过兴奋或热情。复合初期很像热恋初期，你最好保持温暖和善，给对方一点鼓励，但是不要整个人都贴过去。
» 接受对方一些相聚的邀约，但不要每次都答应，当然也不要为了和对方约会而取消事先安排的计划。
» 让约会气氛保持轻松有趣，就像你们从前热恋时期一样，不要一下子就太过浓情蜜意。
» 等待你的另一半提出一些较严肃的话题，例如你们的关系或未来。不要先说"我爱你"，因为对方可能还没有准备好如何回应。
» 如果你的另一半开始出现打退堂鼓的迹象，请先确认你是否又开始逼迫对方。重新把注意力转移到你自己的生活上。
» 保持冷静，直到你百分百确定另一半和你同样重燃热情。

小 结

- » 本章主要是为被另一半告知已对婚姻失去热情的人而写,而下一章主要是为对婚姻失去热情的人而写。
- » 如果你很容易担心,请把这些议题分解为较小的部分,然后专注在你能掌握的部分。
- » 过度分析的破坏力相当于将婚姻视为理所当然。过度分析有三种类型:愤怒、自我批评以及彻底被击垮。
- » 如果你的另一半似乎想要逃开,就必须尝试其他策略了。
- » 请接受活在当下的好处,毕竟我们只能改变当下的事情。

练 习

停止担心

其诀窍就是活在防水舱里,不要无谓地担心遥远的明天。

1. 列出所有让你担心的事项,然后删掉与下个月没有直接关联的项目。如果你感觉很不错,那么试着把你的担心期限缩短到下个星期。
2. 分析剩下的担心事项,在每件事旁边写下三个你靠自己就能解决的方案。
3. 如果你找不到答案,就和自己约定,在接下来的半小时内不要想起这件事。出去呼吸一下新鲜空气，散步可以提振精神，帮助你澄清思虑。
4. 问问自己：老实说，最糟的情况会是什么？做好接受最糟情况的心理准备，然后沉着冷静地将你的精力投注于改善这个情况。
5. 避免摄取咖啡因与糖分，并且戒掉烟酒。这些都是刺激物，会让你更加心烦意乱。
6. 如果你失眠，想象把你的担心都写在一张纸上。告诉自己："此刻我也无能为力。"然后在脑袋里想象你揉掉了那张纸，并丢进一个假想的洞里。多做几次，直到你感觉平静下来。

你是否容易过度分析？

虽然这个小测验本来是为了好玩，但也有其严肃的一面：它能帮助你发现你的分析形态，并且提供一些目标特别明确的建议。

1. 你和另一半激烈争吵，结果发现你一再重复你曾答应过不再使用的羞辱性字眼。你是否认为：
   a. 这是最让另一半失望的行为。
   b. 我应该低声下气地道歉——虽然你内心深处认为自己是对的。
   c. 是另一半的错，是他/她先惹我的。
   d. 即使是在最有规矩的家庭里，也会发生争吵。

2. 你在卧室里费尽心思诱惑另一半，但是对方却翻过身打鼾。你是否认为：

a. 如果对方对我没兴趣，一定是因为他/她在别处得到满足了。我就知道他们公司新来的那个人是个麻烦。

b. 想想我体重增加了多少，如果有人对我有性幻想，那还真是个奇迹！

c. 我的另一半都没有感谢我准备晚餐，他/她老是把我的付出视为理所当然。我当初为什么会爱上这么自私的人？

d. 我的另一半可能工作太辛苦了。

3. 当你和另一半打电话时，常会有令人尴尬的沉默时刻，你对此耿耿于怀。你是否认为：

a. 为什么我们不能好好说话？为什么我老是把大家惹毛？我真的能跟人好好相处吗？

b. 如果我多容忍一些，也许我们还能当朋友。

c. 为什么只有我一个人在努力？

d. 我才不让这件事坏了我一天的好心情。

4. 在你们短暂分居期间，你们的一个好朋友举办了一场生日晚宴，但是既没邀请你，也没有邀请你的另一半。你会有什么反应？

a. 大家是否在我背后闲言碎语，并且决定刻意不邀请我？

b. 你打电话给那群朋友中和你最亲密的一位，想知道你是否无意间得罪了主人？

c. 反正我也不想去。

d. 我朋友的餐桌可能容不下太多人，或者主人不好意思只邀请我。

5. 你的另一半告诉你说，当他/她的母亲得知你们的问题时，心情非常平静。你为了保持气氛轻松，于是开玩笑说："你确定她真的是你妈妈吗？"你的另一半大笑。但是稍后你是否认为：
   a. 如果我拿他/她的妈妈开玩笑，他/她会觉得很气恼，而且觉得我不把他/她妈妈当回事。更糟的是，对方再也不会告诉我任何事了。
   b. 我向来都能设身处地地为人着想，说话前必先经过大脑。
   c. 她活该，她老是批评每个人，现在得到报应了。
   d. 如果我的另一半对我的话感到不悦，他/她会说出来。

6. 以下哪一句最接近你的座右铭？
   a. 问题总是比答案多。
   b. 再多努力一些。
   c. 为什么每个人都看我不顺眼？
   d. 你不知道的事情无法伤害你。

7. 你的另一半留了一张字条，要求当天晚上谈一谈。你会怎么想？
   a. 该如何跟家人说我们要分手了？怎样才能再找到喜欢我的人？
   b. 你在心里仔细回想你们最近的每一次对话，找出你让对方不愉快的事。
   c. 这全是对方的错。他/她这样对待我，怎么还能期望我的忠诚？
   d. 我很快就会知道是怎么一回事。

如果你的答案大部分是a，你是属于"被彻底击溃型"的过度分析。

在你的大脑中，你的想法具有逻辑关联，所以很容易从一句对你另一半的带刺评论跳到你的外表，甚至可能再跳到你的父母如何冷落你。这些想法实际上并没有任何关联。结果是，你陷入困境，不知所措。

诀窍：下次当你觉得无力招架时，停下来，摊开所有的不同想法。几乎在每一个想法背后，都有某人的声音在告诉你该怎么做："你应该充分发挥你自己。""你不应让某人失望。""你应该永远保持善良。"停下来，并且自问：这是谁说的？他们的建议在此时此刻仍然恰当吗？

如果你的答案大部分是b，你是属于"自我批评型"的过度分析。

你很容易自我贬抑，尽管你有足够的能力，你仍然看轻自己。就算某件事情充满正向含义，你仍然喜欢做负向诠释。你可能也是个杞人忧天者。

诀窍：首先，你无法改变过去，所以贬损你自己于事无补；其次，学习原谅自己。原谅了自己，你就不会陷在罪恶感的泥沼里动弹不得，而可以往前解决问题。最后，当你回想某件事时，问问自己是否太重视负面想法，同时也要觉察到其他正向与中性想法的可能性。

如果你的答案大部分是c，你是属于"愤怒型"的过度分析。

虽然你不会很快就情绪失控，可是你常常把事情闷在心里，最后会觉得很痛苦。有时候这可能是一种猝不及防的愤怒，而且往往非常致命。有时候你会脾气爆发，因为你不喜欢处于这种情绪中的自己，所以你想用快速的解决方法来回避问题，然而这通常会导致长期纠葛，并且是未来不满情绪的温床。

诀窍：你对自己与身边的人都有很高的期望，然而，如果有时候你可以接受事情本来的样子并且往前进，生活就会更轻松一些。例如当你那务实的母亲无法更开放地表达她对你的爱，请拥抱她的优点，不要因为她的其他缺点而愤怒。下次有人惹你不高兴时，不要想着："他们怎么能这样对我？"而是学习原谅，只把注意力放在真正的问题上，以及思考可以做什么。

如果你的答案大部分是d，你是属于"平衡型"的过度分析。

你不会花很多时间反复思考某件事，除非真的是一场危机。一旦你做出决定，就会贯彻到底。这些都值得赞赏。但是，有时候你是否太忙着"做"，而忽略了其他人可能的感受？

诀窍：在困难时刻，你那善于思考的脑袋是一项资产。然而，下次你发现自己正在回想一场重要对话时，请发掘表象之下所发生的事情：对方还有哪些话没有说出来？通过留意这些特别的面向，你可能会做出更好的决定。

击败忧郁

每当无助感袭击我们时,忧郁就会乘虚而入。这就是为什么一件微小但力量强大的事情可以帮助我们得以挣脱。

1. 实现小小的胜利与轻松的成功。例如完成一件你已经拖延多年的繁杂家务,比如整理水槽下的橱柜。这些工作会带来一种真实的成就感。
2. 花点小心思提升自我形象。一定要在周末时精心打扮,不要穿着睡衣走来走去;出去买些新衣服。
3. 帮助其他人。帮年迈的邻居修理排水管,或者担任福利院的义工,这些都有助于将注意力从你的问题移转开来,而那些被帮助者的赞美与感谢会让你自我感觉良好。
4. 想想情况比你差的人:癌症患者常会让自己与病得更重的人相比较,借以安慰自己。下次当你发现自己羡慕比你幸运的朋友时,试着想起有人比你更不幸。
5. 从事瑜伽、游泳或其他运动,因为天然的内啡肽可以提振精神,有助于放松,并且解除烦忧。
6. 如果你有宗教信仰,试着祷告;如果没有,去上一堂静坐课程。这些静坐课程并不是要你入教,而是教你如何放空大脑。这是个困难的目标,但是如果能让过度活跃的大脑得到片刻平静,就很令人欣慰了。

第13章

因情而生的罪恶感

"真希望我不必为此感到内疚。"加里哀诉。他和妻子从十几岁就在一起了,但在他30岁那年,却发觉自己不再爱她了。萨拉仍然爱着加里,因此渴望挽救这段婚姻,更何况他们已经有两个孩子了。然而,经过几星期的努力,他们的婚姻咨询陷入僵局,加里开口要求分居。

在"给彼此空间"或"暂时分居"期间,我暂停为他们咨询,但是提供了一两次个别会面,以支持双方度过最难熬的前几周。就在一次个别会面中,加里说出了让他绝望的罪恶感。我太熟悉这种心理反应了。在加里看来,现在的独立空间让他感觉非常好,甚至可以用"特别好"来形容。"只需要取悦自己的感觉真好。我终于有时间专心阅读那些我想读的书,充实工作上的专业知识。我关上门,把自己孤立起来。"前一个星期,全家人一起出游了一次,"我们去了稀有动物中心，儿子们跑来跑去，抚摸小猪的背，他们还帮忙喂食一只失去双亲的小羊。"他说，"但是下午茶过后要带他们离开时，就不是那么容易了。"我听他详述全家出游的这一天，却发现他完全没有提到他太太。"当时萨拉看起来如何？"我终于开口问。加里再度哀号："真希望我不必为此感到内疚。"对婚姻失去热情的夫妻走到这个阶段，几乎都饱受罪恶感的折磨：失去热情的一方，为自己给家人造成的痛苦而心生罪恶感；另一方则因为没有早一点发现问题，或者为了自身在这场危机里承担的责任而心生罪恶感。难怪有时候三餐都弥漫着罪恶感——各种罪恶感轮流发作，令人难受的感觉挥之不去。罪恶感究竟是什么？为什么这么折磨人？如何去除罪恶感？

罪恶感是非常自然的人类情绪，而且通常是很有益处的一种情绪：每当我们做了某件违反个人价值观与社会价值观的事情时，就会有罪恶感。因此，罪恶感有其正面意义：凝聚人群，自我规范，而法庭只在特殊情况下才会介入。然而，当罪恶感过重时，另一种息息相关的情绪就会冒出来——羞愧感。罪恶感关乎行动，例如把车子停在双黄线上；羞愧感则关乎个人的自我评价，换句话说，是关乎一个人，而非一个好人做了坏事。加里因为破坏婚姻誓约而感到罪恶，而他觉得羞愧，是因为他怀疑什么样的男人会遗弃爱他的女人。在大部分触礁的婚姻中，双方互相痛恨，彼此各有理直气壮的愤慨："我会离开，是因为他不可理喻的行为。"或者，"她是个邪恶的女人。"双方可能都为自己的作为感到内疚，但没有人觉得自己是坏人："是他逼我这么做的。"或者，"看看她做了什么好事，我能有什么选择？"失去热情的夫妻并没有这种方便的借口，因此尤其容易演变为羞愧感。

这样的感受往往可以追溯至童年时期："如果你是好孩子，并且把父母交代你的事情做好，就可以吃甜点。"或者，"好女孩才能去参加派对，坏女孩必须留在家里。"有些父母不经意地加入其他信息："如果你不乖，我就不爱你了。""好事发生在好人身上，坏事发生在坏人身上"的观念进一步被宗教信仰、学校与通俗电视剧强化：有道德的人得奖赏，不道德的人受惩罚。这个观念根深蒂固，难怪每个人都喜欢看到自己有最好的表现。即使长大成人后，我们了解当个好员工无法阻止雇主把我们调到世界的另一端工作，或者当个好父亲无法阻止一辆没有保险的车撞毁我们的车，我们仍然愿意相信孩提时代的这些规则适用。我们当然无法控制这些偶发的事件，但在内心深处，我们愿意相信做"好人"可以保护我们。婚姻危机挑战这个传统信念，并且使我们更加不想被视为坏人。

加里并未将自己的困境怪罪在萨拉身上，但是他必须让自己远离做错事的感觉。对加里以及对许多饱受相爱却不相恋之苦的人来说，罪恶感还有第二种作用。当他第一次单独咨询时，他说："我知道我很自私，但是我真的对此深感内疚，这种内疚也是一种安慰。"就连加里都不相信萨拉会因他受苦而得到慰藉，所以我们更深入探究了他的这一想法。加里终于承认："我不可能是个坏人，因为坏人不会因为要求暂时分居而有罪恶感。"事实上，这份罪恶感使加里还能将自己视为好人。罪恶感也让他免于面对其他难熬的感受：愤怒、痛苦、后悔、但愿我曾做了这件事、但愿我不曾做过这件事。加里并没有和这些可怕的感受纠缠，而是通过打电话给孩子降低罪恶感，或者和同事出去喝杯啤酒，让自己分心。到某个阶段，这些应付方法都还过得去，但是对于处理潜在的情绪却无济于事。大部分情绪最后都会燃烧殆尽，不健康的罪恶感却会一直延续。隐藏在罪恶感背后的情绪更加不安。除此之外，罪恶感还有最后一个好处：让他不必马上决定是该回家还是该离婚。

挣脱罪恶感的束缚

以下的练习将会很痛苦而且耗费时间。你可以写下你的感受，或者找一位能给你支持的朋友。最理想的倾听者应该是某位了解你们夫妻的朋友，而且必须保持中立。别找百分百挺你的啦啦队员，或者任何会对你的痛苦感到不安的人，或者在搞清问题之前就急于为你减压的朋友。进行到以下第二项的时候，朋友的意见特别重要，但是如果你对自己诚实，那么写下你的感受也可以提供必要的支持。

1. 回溯你的后悔。从过去一个月以来的每件事开始，往前回溯过去一年、过去五年，一直到尚未遇到另一半之前、你的青少年时期。哪些是重要的转折点？哪些是你的"但愿"？你曾经伤害过谁？这些后悔是否和目前的婚姻危机有关？或者是更大行为模式的一部分？

2. 挑战不健康的想法。以最后悔的事情为例，问问自己下列问题：我是否高估了自己的责任？是否低估了别人的责任？是否有错怪对方的地方？是否不愿承认自己的责任？是否做到黑白分明，没有争议、矛盾与暧昧不明？我是否运用了超级英雄的技巧，例如先见之明或是三寸不烂之舌，来说服某人改变？

3. 哀伤：生命是永无止境的抉择。如果你去念大学，就永远不会知道如果你早一点就业会发生什么事；如果你选择不接受某个追求者的求婚，就永远不会知道跟那个人一起生活会是什么样子。如果你后悔某个选择，那就想象一下当初做了不一样的选择，现在又是什么样，会不会过得更好？稍后，想象一下这条未选择之路会有什么缺点，以及你从你所选择的这条路上所得到的重要资产。

针对目前的后悔，请允许自己感受痛苦。选择用眼泪来宣泄情绪，而不是用短暂享乐来让自己分心，或者采用补偿性的小举动。不要把你的日记写得太满，留给自己一些安静的时间。

4. 评估：当某人开始吐露罪恶感时，不可能预测到有何种后果。如果你发现自己对于过去错失的机会感到后悔，请想办法把补救方案纳入你今后的生活。

你是否利用罪恶感作为惰怠的正当借口？如果你还未准备好做决定，那也好，因为很多人盲目仓促地决定了未来。但是，一定要对自己诚实。你们是否还能为你们的亲密关系做其他尝试？如果此时你们的婚姻已达到危机点，请给自己足够的空间与时间来消化本书的概念，并且加以练习。

5. 补救：承认你该承担的责任，并且道歉。你不需要卑躬屈膝要求原谅，也不需要为另一半该负的责任担心。只要一个简单、直接的道歉，不必解释，也不需要缓冲的情节。你可以先用一封信来试试，你也不一定真的要把这封信交给另一半。

不要期望原谅，这可能稍后才会发生，目标就只是道歉。你的举止可能会被温暖地接纳，成为有助于讨论的机会，但是你也应该预期对方可能会出现愤怒反应，在这种情况下，请准备好随时离开，而不要加入激烈痛苦的争吵。想想该如何做适当的补偿，以修复损害：可以是一份礼物，或者做一件让另一半真正感激的事，如果你们离婚了，就慷慨大方地赠予对方财产或赡养费。

当加里开始回溯自己的后悔时，他发现远超过预期。当他第一次心情沉重地醒来，不只是不快乐，而是深沉的忧郁。他很确定是因为他那索然无味的婚姻引起的。然而，当他审视未选择的那些道路时，开始谈起曾和朋友共组的摇滚乐队："我们不只在学校里很受欢迎，在当地俱乐部也有粉丝。我不是说我们会变成另一个披头士，但是我们真的很有机会。只不过当时音乐事业就像是场赌博，而萨拉和我很认真地在交往，于是我便找了一个正式的职业。我仍然好奇，如果当时我们坚持玩乐团，我的人生会如何。"

他的第二个任务是挑战不健康的想法，而他最初的确是用黑白分明的标准来定义他的生命：成功或者失败。他很快就发现，他对于父母、学校以及萨拉没有给他更多支持而感到愤怒。然而，当他真的说出这些隐藏已久的情绪之后，几乎立刻就认识到当初没有追求理想的责任其实在自己。到第三项的哀伤部分，他开始为他错过的音乐生涯哀伤："我本来可以在全美的体育馆表演音乐，会遇到数以千计的尖叫歌迷，但是我也可能落得染上毒瘾，或身无分文、流落街头的下场。"

终于，在第四项评估部分，加里学到关于后悔最重要的一件事：凡事永远不会太迟。30岁当然已经不太可能在摇滚事业上取得成功了，但是年纪大的好处之一，就是善于灵活处理。没有什么能够阻止加里以业余歌手身份在当地俱乐部表演，重新与他的音乐相连接。一旦加里认识到是他对萨拉的恼火困住了自己（她还来观赏过他的一场即兴表演），他对婚姻的态度也开始转变了。他不再认为是妻子阻碍了他，他开始敞开心胸，重新审视婚姻，找回热情。

妮古拉在宣布婚姻结束的五年前，就不再爱她的丈夫。理查德·加里五年前就知道事情很不妙："她一直挑我的毛病：不够关心她、我们一起做的事情不够多。但是她到底期望什么？生活不只是红酒与玫瑰。有一天她居然不再抱怨，我心想：太好了，她终于放过我了，她已经明白生活不可能永远像电影里演的一样。"但是妮古拉在五年前就不再试图修复婚姻，或者就像她说的："我已经竭尽所能。我们之间没有情感联结，如果没有理查德，我会快乐多了。"然而，她决定等到他们最小的孩子上小学后才离婚。过去五年她留在婚姻里，但是她的心早就离开了。在此同时，理查德一直生活在傻子天堂里。

当妮古拉终于告诉理查德，她再也不爱他，他彻底崩溃：他终于了解她不快乐的程度,但是妮古拉已经快要走出家门。他尝试一切努力:在威尼斯度假一星期,送鲜花,更勤于帮忙做家务,送她一条大型泰迪熊犬,最后拖着心不甘情不愿的她来接受婚姻咨询。妮古拉感觉糟透了:"我真是个冷酷无情的女人。我告诉他事情不太对劲,他立刻就试着修复,但这无法解决问题。然后他注视着我,而我就被罪恶感征服了。我的罪恶感很深。"

妮古拉的罪恶感变得像是一座防卫性高墙,无论理查德做什么事要挽救婚姻,都无法跨越那道高墙。因此在咨询时,我们从挣脱罪恶感的禁锢开始努力。我们开始分析妮古拉后悔结婚的原因。当她谈到她曾经想要的婚姻是什么样子时,理查德想要插话并承诺未来可以多么浪漫,但是我阻止了他。在这个阶段,他必须听完妮古拉想说的话。接下来我挑战她的不健康想法。谁该为五年前所有的不快乐负责?"他从来不过问家务,我必须独自打理家里所有事情。"她说。这次,我允许理查德表达他的想法:自从妮古拉辞去全职工作之后,他就必须增加工作时间,赚更多钱;他也描述他如何帮忙照顾孩子。换句话说,事情不像妮古拉所想的那样是非分明。"你为什么不告诉我你的感受?"理查德问。妮古拉试过,可是一出口就变成满腹牢骚,反而将理查德推得更远。这该怪谁呢?

在这个案例中,追根究底,就是夫妻争吵法则的第一定律:双方的责任半斤八两。然而,当婚姻问题真的开始扎根,不健康的想法会把一切曲解为只有对与错,没有中间的灰色地带。在第三项哀伤部分,妮古拉哭诉过去五年来所有的不快乐,她过着行尸走肉般的生活。理查德听时，双眼泛着泪光。

到评估步骤时，妮古拉承认她不敢让理查德有第二次机会，以免一切又回到老样子。"我要如何信任他？"她问。信任需要时间，无法一夕取得。妮古拉同意暂时不办理离婚手续。事实上并没有时刻表，也没有定时器，这些只存在于她的脑中。她说："最后，为了孩子，我给他多一点时间，也许到时候我可以卸下一点防备。"

到了最后一个步骤——补救，我们发现他们俩都已经做到了：理查德确实倾听了妮古拉诉说所有的问题，且没有试图说服她留下，而妮古拉也给了理查德第二次机会。最后他们决定复合，并且发现这段婚姻正是妮古拉曾经梦想的。可惜的是，这一切的发生只能是在妮古拉告诉理查德她不再爱他之后。而在他真正倾听她的心声之前，两个人差点儿就离婚了。

以上两个个案里，两对夫妻都决定复合。然而，有些案主发现他们的罪恶感其实是不必要的。米歇尔与戴维结婚8年，一直觉得自己的每一步都受到监视。打从他们结婚开始，戴维就非常呵护她。米歇尔很热衷于国标舞，每次练完舞，无论时间多晚，戴维总是来接她回家。一开始，戴维的态度促进了彼此的关系，"他总是愿意排除万难来接我，让我觉得自己很特别。他眼中当然不可能有别人。"她说。

然而，戴维的呵护很快就变成嫉妒。"我的固定舞伴是同性，但是戴维还是不停地说些讨厌的话，说我们跳舞时看起来有多快乐。我试着解释这一切都是为了表演，为了征服裁判，但他认为事出必有因。"最后米歇尔受不了这些恶意批评，决定换个舞伴。虽然她没办法找到舞艺一样精湛的新舞伴，可是她深爱戴维，所以认为牺牲是值得的："我以为结婚之后他会对我们的感情更有信心，就像换舞伴这件事，奏效了一阵子，但是他老是想知道我去哪里。我发现他会检查我的短信，最后他终于要我完全放弃国标舞。"她觉得她的爱一天一天干涸，直到她告诉戴维："我爱你，但是我没有在爱里的感觉。"

当米歇尔来做婚姻咨询时，觉得很有罪恶感，而戴维很快就指出他为她做的每件事："记得你的婚姻誓言吗？当我们站在教堂圣坛前，我字字句句都是真心的。你难道不是吗？"然而，当我们进行到哀伤部分时，米歇尔越来越生气，"你仍然想控制我，"她的情绪终于爆发，"现在你不能再用罪恶感来控制我了。"

与其忽略或压抑你的罪恶感，不如试着去分析它们。有时候，罪恶感可能意味着你所做的事情违反了你的个人价值观，而你的良心要你停止；有时候，有可能是你为婚姻危机承担了不属于你的责任。

小 结

» 罪恶感是不可避免的人类情感。

» 当羞愧感和罪恶感混在一起时，往往会变得不健康。

» 释放罪恶感的步骤，包括：回溯你的后悔、挑战不健康的想法、哀伤、评估以及补救。
- » 罪恶感通常隐藏着信息，最好仔细倾听这个信息，而不是急急忙忙地冲进不可知的未来。

练 习

罪恶感日志

买一本活页笔记本，不要使用未装订的纸张，因为你在必要时得回头查阅这本日志。做这个练习需要写很多东西，买一本精美的笔记本可以展现你坚持不懈的决心。

1. 坦诚：别让那些想法只在你脑子里打转，把每件事都写在罪恶感日志中。有些罪恶感是关于过去的事件，有些则是最近才产生，即使这两种罪恶感掺杂在一起也没关系。不过，必须写上日期，这样一来你才能回头观察，发现哪个罪恶感的念头一直困扰你，以及何时出现。不必担心你的写作风格、文法或字迹，只要让意识流里的每一件事宣泄而出即可。

2. 分析：如果写作与分析能间隔两三天的话，会更具客观性。拿一支马克笔，回头查看你写下的东西，找出那些黑白分明的想法，像"总是"与"从来没有"这样的字眼便是好线索。接下来试着找出那些意味着超级英雄技能与先见之明的想法，把这些想法也标记出来，类似"应该"与"必须"这样的词往往透露着这种思维。最后，找出指责的句子，并标示出来。也许你可以用一种颜色来代表你自己，用另一种颜色代表另一半。这两种不同的颜色是否比例相当？

3. 找出主题：虽然罪恶感总是冒出来，但通常只有少数几个主题。给每个罪恶感一个名称，例如当另一半的父亲不久于人世时，你没有给另一半足够的支持，可以称之为"临终关怀"。

4. 问卷：针对每个主题，写下你对下列问题的想法：

   你能采取哪些不同的举动？

   那个时候，你可能需要哪些支援？

   什么原因阻止你那么做？

   你对什么事情感到愤怒？

   你对谁感到愤怒？

   你学到了哪些知识或技能可以运用在未来？

5. 反省：把你的日志收起来，然后用全新的眼光审视它。仔细阅读每一个字，先让自己为过去的错误哀痛，然后想想接下来怎么做。

6. 重新打开日志，只要再回答一个问题：我要如何补救？尽可能写下实际的解决方法，就算其中有些方法看似很可笑也没关系。当你竭尽所能，包括疯狂的与理性的，之后，回头选择最恰当的。

备注：有些案主发现，他们对过去某件事有罪恶感，可是当事人已经不在人世。要如何补救与往生者之间的事情呢？在这种情况下，我建议你写一封假想信给这位当事人。

第三部分　危机过后

对自己和伴侣的爱是我们成长的动力。回想刚开始相恋的情景，当初吸引彼此的那些特质，正是我们解决婚恋问题的关键，也是再度联结的纽带。

第14章

复合之路

在婚姻咨询中,我最乐见的时刻莫过于夫妻俩找到复合之路,就好像雨后天晴;我们都不想跟命运开玩笑,未来仍然可期是心中不可否认的期盼。

接受婚姻咨询大约两周后,其中一方或双方会承认:"我(我们)确实有感觉。"他们的脸上浮现出害羞的微笑、头微微歪斜,但是目光炯炯有神。从陷入爱恋到达成依恋,情感之路从此应该一帆风顺,但情况却很少如此。许多夫妻期望一些戏剧性的事情发生,而不是试探性的。电影中,男主角突然明白他毕竟还是爱着女主角,于是疯狂冲往机场——他的爱人正要搭机前往刚果当修女。或者,女主角站在教堂圣坛前,看到未来的丈夫正在挖鼻孔,于是她突然明白,"另一位仰慕者"绝对不会做出这么可怕的事情——就算这么做,样子应该也挺可爱的。当然，与此同时，这位仰慕者正奋力穿过人群，要阻止她犯下此生最大的错误。真爱总会胜出。然而，真实生活并不像电影，最重要的是，真实生活中的回报比电影里大多了。

爱的最初悸动总是青涩且温柔，但许多案主却希望直接跳到狂野境界。有些人谈到想结束咨询："谢天谢地，我们终于脱离困境。"有些咨询者刚回到亲密状态就掉以轻心，双方又陷入相爱却不相恋的境地。有些则因为过分谨慎而使关系显得很不自然。

另一个极端是布伦达与迈克，他们已经分居两年，因为害怕摧毁好不容易重建的爱情，总是小心翼翼对待对方。迈克同意参加布伦达的家庭聚会，虽然他很担心布伦达的家人会对他怀有敌意。我们花了一次咨询时间才搞定这件事，所以我很想知道事情进展。布伦达回答："还好。"迈克则说："没有我想得那么糟。"但他们的回答听起来很有防御性，我深入探究，才发现迈克在上菜期间，不时逃离餐桌去和宠物狗玩。我问布伦达对这件事有何感想。她说："当时一切都顺利，所以我不愿意多说什么，但是那样实在很没礼貌。"

重新找回的爱就像一株娇弱的植物；一株幼苗准备从室内移种到花园之前，必须强壮。园艺家都知道，要让幼株慢慢适应水土环境，首先要关掉室内暖气，然后白天把遮棚掀起来几个小时，最后，这些新生植物就可以日夜待在户外。不过，有些伴侣重新找回爱之后，过快地拿掉了防护罩；有些伴侣则由于害怕而什么都不说，永远罩着玻璃罩，这样会让爱有乏味的风险。你们是如何逐步适应水土的呢？

坦诚相对

我把本章的标题定为"复合之路",因为还有两件事情必须发生。第一件事是坦诚相对,也就是开诚布公地分享感受,例如:"我老实跟你说,我也一直不快乐。"事实上,决定复合并不是结束,而是良性互动的开始。当40多岁的业务员乔治回家之后,和同样40多岁、担任法务助理的太太谢丽连续三天彻夜长谈。乔治说:"我真的必须向谢丽证明我是认真的。以前我都长话短说,因为担心隔天早上工作会很累。我想她真的很感激我那么做。"谢丽说:"当乔治第一次把话说开时,我松了口气,但就像水坝泄洪般,我发现自己也谈论着我的不满,尤其是以前乔治要求做爱时,都没有花足够的时间调情。"

坦诚相对很有用,但这些对话很容易擦枪走火。因为它会伴随着四个行为:指责、安抚、诉诸理智以及转移注意力。如果你发现你俩在坦诚相对之后迷失了,不要恐慌,只要能够节制,这些行为是促使感情之株坚强茁壮的过程之一。好园丁的诀窍就是时时留意,提防可能发生的霜害。

指责

定义:为了出错的某件事情责备另一半,却没有检讨自己的责任。谢丽的例子便是,"你都没有给我足够的前戏"。乔治的例子则是:"你给我的关注不够多。"

破解之道:虽然乔治与谢丽说的都是事实,因为这是他们各自真切的感受，可是这样的指责会让两人都成为受害者。如果谢丽承担部分责任，并且改变措辞："是我没有要求足够的前戏。"而如果乔治说："我没有向谢丽解释我需要她怎么做。"他们俩就会成为掌控自己命运的人。谢丽可以让乔治知道她希望如何被爱抚，而乔治可以要求谢丽在他回家时关掉电视机。

安抚

定义：不直接正视问题根源，却用甜言蜜语安慰对方，或是承诺给予某种东西，让对方暂时保持安静。乔治常说："我不会离开你。"这时谢丽即使不见得同意乔治所有的抱怨，还是会立刻屈服："你说得对，我的确太沉溺在自己的事情里。"

破解之道：安抚另一半的痛苦并没有什么不对，然而，长此以往，不停地安抚会导致憎恨。如果乔治只对谢丽说她想听的话，却不是出自真心诚意，他就越来越难以分享自己真实的感受。那么该怎么做呢？如果安抚只是两人讨论的第一部分，而不是互动的全部，通常都能奏效。乔治显然必须向谢丽保证他不会立刻离开，但是，他必须继续解释，如果没有根本的改变，他也无法永远留下来。

诉诸理智

定义：过分强调理性的想法，通常会忽略情绪的感受。谢丽的说法是："从古至今，男性总是把女性当作性爱玩物，而忽略她们的需求。"而乔治则说："从财务观点来说，平常工作日在城里租一间小套房，比花那么多钱在火车票上划算多了。"

破解之道：对问题保持理性思考可能很有用，帮助夫妻双方各退一步，取得新的观点，让问题不明显针对个人。但是，长远的解决之道必须能兼顾情感与理智。完全诉诸理智有可能让夫妻都陷入无谓的争吵，而不去处理真正的问题。因此要平衡理性思考与情感，并兼顾一般性与个体性影响。

转移注意力

定义：转移某人的注意力，希望借此忘记原来的抱怨。有三个主要方法：否认、分心、漠视。例如乔治为了转移房事话题，便说："你要觉得自己很幸运，幸好我不像我老板，他同时劈腿两个。"谢丽则尝试全然否认："我一向对你说的话很感兴趣。"其实她正看着电视剧。

破解之道：有时转移注意力是可理解的反应，尤其是夜深了，另一半觉得筋疲力尽之时。不过，有更诚实的方法：交换条件。当乔治问道："明天我们能否谈谈这件事？"如果有更明确的时间与地点——"明天晚饭后，孩子们在看卡通片时，我们可以坐在厨房里谈谈"，谢丽就更容易同意。不用说，重视这项承诺很重要。转移注意力只是临时的解决之道，如果使用不当，会让夫妻再次陷入相爱却不相恋的僵局。

稍加练习过后，坦诚相对就成为乔治和谢丽的第二本能。"当你看电视时，我觉得很失望，因为我很想和你分享白天所发生的事情。"她则告诉他："当你仓促做爱时，我觉得很失望，因为我希望我们的性爱很特别。"（想知道更多有关坦诚相对的信息，详见第5章"三段叙述法"的练习，能帮助你在不惹恼另一半的情况下，更加开诚布公。）

学　习

如果真正联结的第一步是坦诚相对，第二步对你来说应该很熟悉，就是重燃爱恋七步骤的最后一个步骤——学习，这对于再度联结也非常重要。在婚姻咨询的最后几周，那些相爱却不相恋的案主们都很庆幸爱已经恢复，但是仍然小心翼翼。

安娜与尼克那对业务员与教师夫妻档，决定复合。虽然一开始的蜜月期很美好，但是安娜与尼克都担心会回到从前的老样子。于是我帮他们分析婚姻中的问题。安娜回答："我总是忙着照顾儿子们，而尼克有他的工作。"尼克补充："当我们有时间相处时，又常常找来一大堆朋友，仿佛很害怕万一只有两个人相处会发生什么事。"你们害怕什么呢？我问。"吵架！"他们异口同声地说，然后大笑。安娜说："我不要像我父母那样吵得那么凶。"尼克则说："我父母从来不吵架，所以我想我不知道该如何吵架。"他们找到问题的症结：他们的爱之所以消失，是因为相处的时间不足以培养亲密感，而他们对于吵架的恐惧，使他们老是各据一方。接着我问他们如何改变。"我们不再害怕说出自己的想法。"他们又是同声回答。"那么如果发现又快要发生问题了，你们会怎么做？"尼克与安娜并没有回答，只是彼此注视，我知道他们可以结束咨询了。通过了解究竟是什么原因造成他们的问题，并且记住那些解救他们的新技巧，使他们有信心在未来可以避免同样的陷阱。

对许多夫妻来说，知道这些已经足够了，可是有些人想更深入探究，了解一开始彼此为什么相互吸引。就像稍早所讨论的，吸引对方的是隐含在表象底下的东西："美貌""幽默感""好相处"……这是许多夫妻所说互相吸引的因素。每个人在童年时期通过观察父母的婚姻，会留下一些对婚姻困境的看法，也许是"不表露情感""应付配偶的不忠""脾气暴躁"或者"对失落的态度"，不胜枚举。深深吸引我们的人，往往具有和我们互补的一面，并且正在为相似的问题而奋战。例如35岁的秘书朱莉娅老是听母亲抱怨她担任推销员的父亲从不在家。因此，朱莉娅无法想象丈夫与妻子如何共同协商日常生活大小事。她发誓不犯与母亲同样的错误，却不经意地发现自己嫁给了一个很少参与家庭生活的工作狂。

重蹈父母的覆辙看似令人沮丧，但事实上，我们有机会重演僵局，并且找到一个更好的折中方法。当朱莉娅了解到，她之所以对丈夫一回家就待在书房好几个小时感到愤怒，是因为她对父母争吵的记忆，所以她得调整自己的反应。她也承认，她可能不会喜欢丈夫一天到晚都在身边，干扰她做事。了解这种情形之后，朱莉娅与丈夫协商出一套作息表，把星期六定为家庭时间，而他可以在星期天工作。

建立婚姻关系，以及一起养育孩子，往往会触动过去的旧伤口，而让我们质疑眼前的事物。与老一辈相比，我们这一代人缺少耐心，不愿意忍受任何不完美的事物。但是如果再多撑一会儿，多一点信心，我们就能找到问题的根源，所获得的回报则是加倍亲密与更加令人满意的婚姻。如果这一切听起来很辛苦，也许动人的迷恋会有所帮助（请见本章最后的练习）。

复合后的蜜月期万一出现僵局，怎么办？

通常一对夫妻决定再试一次的四至六星期后，信心就会开始动摇，而其中一方有可能会变得非常沮丧。在这种情况下，务必检查所有的愤怒是否都宣泄了。伤口很深的痛不可能马上愈合，但是每重新检查一次，就会多减轻一些疼痛与愤怒。

如果你们的婚姻里仍有未获解决的愤怒，请见"五个有用的吵架主题"练习。

仪式也是有助于前进的有力工具，因此所有宗教与文化都有某些昭告死亡的仪式。有些夫妻利用仪式来埋葬旧伤痛，有些人则选择庆祝一份新的、更坚强的爱。一个好的终结仪式，是找到几样代表痛苦时刻的物品，然后举行一场小型的焚烧仪式。另一个方法是一起度个假。

（请见"仪式"练习。）

复合的最后步骤是筹划未来。坐下来讨论接下来五年的计划，并以开放的心胸倾听彼此的想法。两人之间当然还是会有分歧，但是已经从相爱却不相恋困境中走出来的夫妻，一定已经学到所有必要的处理技巧。如果你被关于未来的想法难倒了，请阅读第2章中"合作期：找到你的梦想"练习。

如何再次踏入爱河

许多情感都不是理性的，例如：信任、性欲、爱。无论争吵还是诉诸理性都无法打开心扉。有些相爱却不相恋的夫妻到了咨询尾声，不再想离开对方，但是也不确定婚姻能否如他们所愿，或者他们是否真能敞开心扉，再度相爱。

罗德历经15年婚姻之后，发现自己不再爱妻子杰玛："我认识到我们是如何让情况恶化的，所以决定改变，一切当然也就不再那么喘不过气。可是万一我仍然无法用我应有的方式去爱杰玛呢？"杰玛也对未来感到恐惧："我知道要求保证很愚蠢——生命无法保证，但还是忍不住想要一个保证。"所以，罗德担心是否能再爱一次，杰玛则担心是否能再度信任。接下来呢？这是个困难的问题，因为解答是很矛盾的。一方面，夫妻都必须努力排除相爱的障碍，包括愤怒、伤害、讥讽，以及不可能的期望。但是另一方面，又必须各退一步，并且放手。

相爱却不相恋的夫妻到了某个阶段，也必须停止追求爱、信任与苏醒的渴望。这些都是难以捉摸的情感，就像悟道一样，你越想抓住，就越难以捉摸。

咨询期间，我们分析了罗德与杰玛以往相爱的障碍：不吵架、没有说出口的憎恨，以及罗德不必要的超时工作，并且回想他们进步了多少。我也要求罗德与杰玛列出其他可能的障碍，可是他只想出一个小问题，罗德认为杰玛讨厌他打高尔夫球，但事实上她只介意他是否在周末打球。最后，杰玛转向罗德："我们只需要相信我们办得到。"两个星期后，爱与信任再也不是问题了。虽然罗德与杰玛都说不出原因，但是在他们停止担心之后，那些难以捉摸的情感又回来了。对于无法相互信任的夫妻来说，我要求他们"假装"再度信任、相爱或对彼此有性的欲望。"你们会怎么做？""你们会采取什么行动？"这个"放手"的阶段通常持续二至六周，时候到了，夫妻就可以不费力地从假装变成真实。至于仍被困住的夫妻，我会鼓励他们重新审视两人的关系，并且找出任何存留的障碍。

更了解爱

当走出相爱却不相恋困境的夫妻回顾他们的旅程，回想过程中所获得的知识与新技巧，他们会找到一种持久的自信。这个自信究竟是什么？

» 爱需要努力。在理想的婚姻中，无论感受如何，双方随时都会照料彼此的需求。这种额外的付出，往往是对方最感激的。
- » 爱，关乎付出与接受。在理想的婚姻中，双方确信都乐于付出，也乐于接受。
- » 爱是鼓励。在理想的婚姻中，双方会分享彼此的优点与缺点，而不会封闭自己、沉默以对，或者是只报喜不报忧。
- » 爱会有所回报。在理想的婚姻中，双方彼此支持并帮助彼此成长。
- » 当夫妻以为爱已经永远消失，但是后来却找到方法重燃爱恋时，这种爱最被人珍惜。

学到的技巧是什么？

- » 对自己诚实。
- » 对另一半诚实。
- » 勇于面对彼此的分歧，而不是忽略或掩藏起来。
- » 更擅长协商。
- » 找到折中办法，而不是要求其中一方让步。

小　结

- » 如果能尽早正视相爱却不相恋的问题，夫妻双方也都已经诚实面对自己的感受，就没有理由不给自己的亲密关系另一次机会。

- » 不要期望很快就会和好；一开始，只要双方都承诺要努力营造更好的关系就够了。
- » 为了结合，伴侣必先坦诚相对，然后了解出了什么差错。这会赋予彼此信心，相信问题不会再度发生。
- » 当我们刚陷入恋爱时，都会做出很好的抉择。幸福的秘诀在于了解这种吸引力，并且解决根植于童年时期的婚姻难题。

练 习

审视你的反应

这个练习需要钢铁般的意志，不仅因为它很困难，而且因为它会透露很多信息。下次你们的讨论受阻时，请按下录音机。15分钟后倒带回放，寻找以下线索：

1. 指责：这些句子通常是以"你害我……"开始。
2. 安抚：尤其是过度使用"抱歉""你说得没错"以及"下次不会了"。
3. 诉诸理性：冗长而滔滔不绝的句子，但似乎漫无目的。
4. 转移注意力：你们俩是否真正在倾听，还是在阻止、反驳与轻视对方？
5. 你们是否经常打断对方说话？通常是在对方说多久后或谈到什么话题时？

6. 审视对话内容之后，回到讨论的话题，试着在不掉入相同陷阱的情况下继续讨论。

五个有用的吵架主题

综合上述的最好方法，就是好好吵一架。因为吵架可以把所有问题都摊开来，释放压抑已久的情绪，而且会让你感觉婚姻会好转。

» 小事情
像洗碗机里碗盘排得乱七八糟这类扰人小事，看起来不像严重的罪过，但是如果不妥善处理，往往会导致极大的反感。而且，如果你发现你们俩特别不容易起冲突，那么在着手应付真正有争议的事情前，就可以用这些小小的问题当作模拟练习。

诀窍：把恼人的小事情当场提出来，不要等到好几个小时之后才说，到时候你的另一半已经来不及补救。不要用玩笑话来掩饰，因为另一半会怀疑你是否当真。也要避免在提出要求时，讲些迂回的话，例如"你不会喜欢接下来我要说的"，或者"有件事我必须提出来"，这会让你的另一半产生防御心理，直接要求即可。

» 相处时间
要做的事情很多，因此我们很容易就会把另一半排在时间表的最后一位。但是，如果没有好好呵护依恋，爱就会枯萎，所以要捍卫相处的时间。

诀窍：不要落入一根筋的泥沼，例如把焦点集中在另一半花了多少时间在家庭以外或个人的爱好上，只会导致对方为自己的行为辩解，或相互争论谁说的才是事实。应该去讨论这件事带给你的感受，例如我觉得被冷落/被视为理所当然/自己好像很不重要。因为你最了解自己的感受，所以对方很难反驳你。

» 不同的品味

差异性会让事情更有趣。强调你身为伴侣的角色，而不是最好的朋友或双胞胎。选择一个你们俩都看过的新闻或电影，一起讨论。坚持自己的观点是健康的，你们也可能因此而多了解对方。争论时，甚至可以使用开玩笑的语调作为模拟吵架的机会，尤其你们俩不容易起正面冲突时，这招很管用。

诀窍：要多发表意见。如果你退让，"好吧，你来选择我们周末要做的事"，你的另一半会觉得必须为这场外出活动的成功与否负全责，这会让对方压力很大。

» 金钱

为金钱而争吵很难达成协议，只是提供了一个表达重要但常被隐藏问题的快捷方式。金钱代表了权利、自尊、自由、责任、安全感，甚至是爱。所以当你讨论金钱时，要很清楚你们谈的不只是数字，试着挖掘更深层的内涵。

诀窍：让你的另一半谈谈在他们成长过程中金钱代表的意义，接下来，分享你在童年时期学到的教训。这有助于你们从新的角度来看待彼此的差异，并且找到折中空间。

» 性爱

这是另一个不好处理的领域，若能够解决，好处很多。无论争端是以"你对我再也没有幻想了"还是"你为什么老是把我推开"开始，都会导致许多夫妻产生难以启齿的深层问题。

诀窍：请格外体贴一些，不要互相指责——"你害我觉得……"，而是共同承担责任——"我觉得……"这可以防止争论变成无谓的对抗。

仪式

人类总是利用仪式来标记四季。同样地，我们必须标记生命中某个阶段的结束与另一个阶段的开始。这个练习可以让你们为过去相爱却不相恋的问题举行一场"隆重的葬礼"，并且期盼一份新的亲密感。

» 确认所有的冲突都摊开了

花一个晚上回想过去几个月，你们各自如何理解所发生的事情？你们对彼此有何认知？你们对自己有多少了解？如果这样的讨论最后又是以吵架收场，你们可能尚未准备好要合上这本关于相爱却不相恋的书。如果你们属于这种情形，请看前面"审视你的反应",并继续交谈。如果你们的交谈很成功,也有收获,那么你俩就可以举行一场仪式了。

» 设计一场仪式

找到一件足以代表你们相爱却不相恋的物品。有些案主会写下曾发生过的事情,有些人或撕下日记,或者搜集做过练习的纸张,决定烧掉它们。另一个策略是找到某件见证了你们争吵的物品,例如一件旧高尔夫T恤或一家夜店的啤酒垫,然后举行一场仪式,将之丢进垃圾桶。有时候这项举动也可以是完全象征性的,例如拿着一个气球站在山顶上,想象它装载了所有痛苦,然后让它飞走。其他清新的点子,也可以是做一艘纸船,放在水上漂走,或者将花瓣掷向风中。总之,唯一的限制就是你的想象力。

» 礼敬这场仪式

如果你是写一封信,或是陈述你的痛苦,你要郑重其事,而不是潦草地写在信封背面。找一个对你有意义的地点。我的一个案主在沙滩上烧掉一些老照片,因为她在那里有美好的童年回忆,然后看着潮水袭来,洗尽灰烬。花一点时间聊天、思考与相处。有些案主选择诗,有些甚至使用音乐,这些都有助于让它成为一个隆重的场合,增添其重要性。如果出于现实考量,必须选择一个很平常的地点,例如小区的垃圾场,那么,请在仪式结束后,找个好地方去走走或喝一杯。

» 庆祝新生

就像结婚需要见证人，好不容易新生的关系也需要见证人。我一向认为一场盛宴是标记重要日子的好方法，可以邀请在低潮期间一直给你们鼓励的亲朋好友，但要一起讨论哪种庆祝形式最适合你们的关系。

迷恋练习：回想初遇时的魔力

五年来，我为杂志撰写了一系列名人伴侣专栏文章。我总是先请受访的伴侣描述第一次相遇的情形。很快地，室内气氛就会改变，任何焦虑与担心都消失了。而当受访者回忆往事时，我可以感觉到真正的温馨。秘密就在我所询问的细节当中：当时你们身在何处？你们穿着什么样的衣服？你们吃了什么？你的另一半看起来如何？她说了什么？他做了什么？人们通常会把"我们如何相遇"的故事简化成一两个句子，但这样所提供的信息不足以唤起回忆。一次又一次，这些行程通常都很紧凑的名人都会延长我安排的访问时间。我其实是带他们回到迷恋期的高潮，而每个人都愿意在浓情蜜意的回忆里多停留一会儿。

你也可以写一则回忆你和另一半如何相遇的短篇故事，或者把这个话题带进日常的对话中，也许是在用餐时。通常要问上三四个问题，才能让人进入回忆的情绪里。为了让你有概念，下面有一份我访问20世纪60年代超级名模崔姬与她丈夫利·劳森的初稿：他是一名男演员，最为人所知的角色是在著名导演波兰斯基执导的《苔丝》中扮演阿历克·杜伯维尔一角。看看我挖出了多少细节。

崔姬先开口："1985年，我和三个朋友在伦敦的卡普利斯餐厅吃晚餐。我看到曾一起合作过的乔纳森·普莱斯坐在另一桌，所以走过去打招呼。有一位英俊的男士立刻站起来。他就是利，他让我想起我们十年前曾在约翰·丹佛的演唱会上见过面。虽然当时我觉得他真的很吸引人，但是我们两人都已婚，所以我压根儿没有什么浪漫的想法。这一次，我们之间肯定起了化学反应，因为我记得自己告诉朋友，请他们别再替我乱点鸳鸯谱了。但是我当时一定很好奇，因为我买了一本大篇幅报道利的杂志。我知道他已经单身两年了，而且婚变之后十年，他一直无心与任何人认真约会。三天后，罗伯特·鲍威尔和他妻子贝丝邀请我去切尔西的一家餐厅。通过一连串惊人的巧合，利也受邀出席。我们聊天、谈笑，但是报刊上说他是个麻烦人物。哪个正常人会信任一名英俊的男演员呢？我不再是冲动的18岁女孩，所以我再度让他溜走了。然而命运另有安排。"

说到这里，利接手叙述这个故事："当时我心想，崔姬真是漂亮！但是面对世界上最美丽的女人之一，每个人都会向她要电话。尽管命运在一星期之内两度把我们两个放在同一家餐厅，我还是道了晚安，让她离开。也许是我缺乏信心，也许是我的心已经无法付出热情，也许是因为她没有示意我可以追她。虽然这些日子以来崔姬宣称她很失望我当初没向她要电话，但是她必须把话说出来啊！总而言之，五年之后，我到报摊上去买早报，一部蓝色大车就在路边停了下来，里面坐了一位金发美女，是崔姬。她摇下车窗说：'你想一起喝杯茶吗？'连我都知道这表示我可以追她了！"

每一则相遇与相恋的故事都很有趣，所以也请你们享受自己的故事。运气好的话，你们会找到可以互相打趣的事情：利拿电话号码的事打趣，而崔姬则取笑那篇杂志的访问。这些都可以变成你们之间打情骂俏的生活趣事。

第15章

接受不可避免的事实

在理想世界里，本书早在前一章就该结束了。相爱却不相恋的婚姻是可以挽救的，不只是感受不到爱的那一方，双方都可以找到更深且更令人满足的亲密感，重燃激情。然而我是个现实主义者。有些人决意结束婚姻，无论他们的另一半对婚姻多么努力付出，毕竟，要有两个人才能成为一对伴侣。对于其他读者来说，时机可能已经太迟，他们的婚姻已经结束。所以，接受了不可避免的事实之后，接下来呢？

当分手的震撼开始退去，痛苦才真正开始。大多数人试着让自己分心：有些人去塑形，成为健身中心会员，有些人则埋首工作。在难熬的最初几周，无所谓方法的对或错，只要能熬得过去就行。然而，经过这段耗心费力的时期之后，大多数刚分手的夫妻会发现，向前走之前，必须先了解过去。通常是喝了一瓶酒之后，这些人才缓慢但确实地仔细回顾他的家人或朋友发生了什么事情。这也许很痛苦，但毕竟这么做是对的。

诉说你的故事

伦敦市立大学的卡拉·威利格博士在英国心理学会研讨会发表的一篇文章中提到三个故事，这三个故事代表了爱情中常犯的三种错误。威利格博士说："这些人真的很需要一个解释。那些还没有找到解释的人，常觉得很难接受分手的事实。在我研究的这群人中，只有一个人找不到解释。多年过后，他仍然在痛苦中挣扎。"

我在前面曾提过27岁的电视调查员米歇尔，她的丈夫消失了两个月之后，又出现在世界的另一端。将近两年后，她仍然无法接受离婚这件事："我没有任何答案，所以我难以接受。我们只在电话中谈过几次，但仅此而已。我没有得到一个合理的解释。他为什么就这样消失了？"一般都认为答案掌握在前夫或前妻手中，这就是为什么很多人都会在微醺的深夜打电话给对方，但是这些对话不会有任何结果。分手的双方都必须建立一套解释发生了什么，以及为什么的说辞。事实上，在不同情况下，这套说辞截然不同。我协助米歇尔慢慢地把发生的一切拼凑出来。克劳德不喜欢冲突，从来不吵架。她说，"他似乎很乐意听取我的建议。"万一克劳德不同意呢？他都放在心里。我想，就是因为闷在心里的压力实在太大了。克劳德似乎把避免冲突这件事发挥到极致，然后就消失无踪。米歇尔已经开始把她的故事拼凑起来了。

威利格博士发现了哪些类型的故事？第一种是："迈向痛苦的极端"，是关于注定要分手的恋人的。打从初吻开始，故事里的每一个转折都是痛苦的。每个嫉妒事件、糟糕的假期以及被发现的秘密，都是这段亲密关系痛苦的原因。事实上，亲密关系的真实情况可能会很不同，但是这些前任恋人都用一种"剪下来烧掉"的办法来忘却所有温柔记忆，然后继续向前走。经历相爱却不相恋之苦的伴侣通常不会做这种选择，因为顽固的一方会痛恨而非关心对方。不过，遗憾的是，我确实遇到有些人会因为分手而认为整段婚姻毫无价值。罗伯塔结婚15年了，有个12岁的女儿，但是当她丈夫威胁要离婚时，她说："我实在很生气。我觉得他偷走了我最好的年华，而我永远无法向他讨回这个公道。一切都毁了。"法国哲学家亨利·博格森称这种思维为"回溯决定论的幻想"（the illusions of retrospective determinism）。博格森指出，我们常将历史事件视为不可避免，所以，目前的社会问题也是不可避免的。由于这种错误的逻辑，就连爱情初始的美好时光都变成结束的可能因素，因此多少都被破坏了。这就好像被困在机场无法回家时，回顾这趟旅程，觉得就像一场灾难似的。但是，无论航班延迟带来了多少不便，也都无法破坏假期一开始所经历的愉快感受，例如一边吃乌贼，一边远眺旧渔港码头。

第二种是"寻找出口"的故事，奠基于一个相似的原则。打从一开始，事情就不太对劲儿：双方有着不能相容的习惯或不同兴趣。例如他可能很爱干净，她却会把短裤留在浴室地板上；她可能是计算机专家，而他是艺术家。喜欢忍耐的一方让这些微小却痛苦的事件逐渐累积，直到最后一根稻草终于压垮了骆驼，而寻觅出口的一方则找到了一个戏剧性出口。在威利格博士的研究中，总是会有一场外遇，由另一位情人提供结束的借口。许多相爱却不相恋的伴侣的确发现自己陷入外遇之中。

第三种是"变动因素"的故事，这是另一套完全不同的戏码。这段关系具有好的开始。蜜月期过后，这对伴侣安顿下来，共同经营幸福生活。但是真爱的运作并不顺畅，而且就像所有故事一样，总有许多障碍要克服。比如其中一方获得升迁，工作占用了他/她的大部分时间，或者孩子们离家，或者只是因为这对夫妻渐行渐远。这些新状况都会破坏曾经幸福的婚姻。这是大多数经历相爱却不相恋夫妻的故事，但因为其中有爱与情感，才使得两人不至于分手。

威利格教授的研究也解释了为什么男人比女人更容易因为关系破灭而情绪崩溃。以前，专家们只会怪罪男人不把问题说出来，但事情并不这么简单。因为不把话说出来，所以男人们无法为他们的婚姻进行妥善的安排。相反，女人会向朋友吐露心事，所以不断在排练，最后终于选定一套分手的版本。这些解释是对是错都无关紧要，威利格博士说："任何说法都比没有说法好。"

米歇尔的故事并不真的符合上述三种故事中的任何一个，所以我加了第四种故事，我称之为"不想要的机会"，这个故事适用于离开的一方与不情愿接受的另一方。"我们的婚姻很理想，且令人满意，但仅维持了一段时间。"这则故事这么说："我们都犯了错，往不同方向行进。我也不想单身，但是我决定给自己机会，不想被困在我已经失去的事物上。"面临这种"不想要的机会"的人，都利用这些痛苦的机会来磨炼他们的恋爱技巧，所以当他们在未来遇见某个人，就会充分利用这些技巧。许多人在运用了前三种故事之后，进而利用第四种故事，抵达了这个阶段，代表他们已经有所进步。

构建关系如何结束的故事时，有些人执着于最后的痛苦部分，觉得自己被彻底击垮。为了让你用较佳的视角来看待这件事，请拿出一张纸，然后横写纵写：与另一半的初次见面是时间轴上的零点。从这一点开始，在这个图表上画出你们的整段关系，包括所有的高潮与低潮。把所有的美好时光都标记出来，你才不会忘记它们。接下来，回顾你们的低潮期，是否不可避免？正面与负面事情之间的平衡情况如何？

罗伯塔利用这个概念回顾她15年的婚姻。她在女儿诞生时有一个高潮，之后就像一条平坦的直线。罗伯塔的图表显示，三年半之前的婚姻状况其实并没有她所描述的那么差，"我显然是有些懊悔，但事实上并没有那么糟"。她做了结论。

回顾一段亲密关系时，许多人都觉得是一场彻底的失败，而且只怪罪一个人：自己。他们因为无数个后悔与无数件可以做得更好的事而颓废不已，他们变得沮丧，并开始感到绝望。这时候我会建议他们从一个新的角度来看事情。16世纪的意大利思想家马基雅维利在其《君主论》中为当时执政的美第奇家族如何保有权力与影响力出谋划策。他是出了名的残忍无情，然而他还是写道："我相信命运主宰了半数我们所做的事情，剩下的一半掌控在我们自己手中。"然而我们大多数人却以为，我们控制了绝大部分的事情，因此最后会谴责自己。

丈夫突然消失的米歇尔把所有过错都揽在自己身上，她说："我一直认为是我把他逼走的，我应该早点问问他想要什么。"然而，通过婚姻咨询，她发现了一幅更平衡的画面。"如果他不快乐，他应该说出来。当我向他母亲谈起这件事，她告诉我，他在青少年时期也曾经没留下只言片语就消失。"米歇尔已经发现，双方对于婚姻破裂有同等的责任。

把分手的责任全揽在自己身上是错的，同样，把责任全推到对方身上也不对。一开始，可能会觉得这样想比较好过："这不是我的错，应该怪罪的是其他因素或对方的缺点。"但是长期扮演受害者角色，却会使自己更难找到新伴侣。请将"他们占了我的便宜"这句话改为"我应该更懂得保护自己"，第一个说法让你很容易重蹈覆辙，第二个说法却能让你越来越自主。在所有书籍与电影中，主角都从自己的尝试与错误中学到一些事情。这样的剧情能创造令人满意的作品，也才能创造更富足的人生。

把亲密关系破局的责任完全推给对方，或全揽在自己身上，都不好，所以千万不要有这些想法。分手的少数优点之一，就是对方怎么想都不再重要了，双方各自朝不同的方向发展，就算其中一方对于关系破裂有不同的说辞，也不能阻碍对方的成长。

结 束

有些案主来我办公室寻找一个叫作"结束"的东西。第一次发生这种情形之后，我查心理学与精神分析专业辞典，一无所获。我很惊讶这个词从何而来？医学或宗教是这种听起来类似心理学词汇的另一个主要来源，但这个词既不是医学概念，也不是宗教概念。结束，指的是我们能够处理一段已逝的痛苦关系，将之束之高阁，让自己往前走。这是一个多么诱人的概念，于是我们发明了自己的名词，也想要相信它。但这有可能吗？

当某人决意要结束时，除了表示同情，我还会深入探究其原因。有些案主希望通过将事情合理化和加以包装来减轻痛苦。这个方法尽管有用，却非灵丹妙药。有些案主则利用结束一段关系来掩饰不良行为。汉娜和一位已婚男士已保持了三年外遇关系："我别无选择，只好去告诉他太太。她有权利知道，更何况我还能有什么方式给事情做个了结？"这种方法很戏剧化，却无法一劳永逸。这样的对抗只会引发另一回合的反抗。果然，汉娜的男友出现在她门前，对她咆哮。她承认，"这样做完全没有用"。

向前走的最佳方法，就是重新赋予痛苦以积极意义。我帮汉娜回顾她那痛苦的分手，发现她从那时候开始绘画。另一位案主想起前任如何介绍他接触禅修。就算是不愉快的亲密关系，也能教我们学会一些事情。如果这对你没用，请好好思考维持现状有什么好处。这似乎很疯狂，因为有谁会想要不断受伤？但有时候紧紧抓住失败的婚姻比面对恐惧更具安全感。"我再也遇不到爱我的人了",或者"我无法面对寂寞"。尽可能对自己诚实,继续深入挖掘。一旦一切都开诚布公,潜藏的假设就可以适当地接受质疑,焦虑感就会减轻,并且找到前进的方式。

最后,要对自己有耐心。亲密关系破裂,就像至亲死亡一样令人伤痛,所以千万不要低估你所经历的一切。庆祝你这一路走来取得的进步,要相信痛苦会随着时间的流逝而减轻。虽然我们不可能做到彻底地与过往说再见,却可以把过去与更美好的未来结合在一起。

小 结

- » 愈合的第一步,就是拥有一个解释分手的故事。
- » 真正遗忘过去之前,最重要的是从过去吸取教训。
- » 不要过度指责前任,也不要太自责。
- » 亲密关系的结束宛如至亲死亡。

练 习

厘清你们的分手

这个简单的测验可以帮助你决定如何诉说你的故事。

1. 哪句话最能准确描述你们的争吵?

    a. 他/她从来不听我说话。

    b. 我们试着解决问题,却回到老样子。

    c. 我们不常吵架。

    d. 我们似乎没办法与对方沟通。

2. 哪句话最能准确描述你们的性生活?

    a. 寥寥可数。

    b. 无聊乏味。

    c. 还算满意,但并非特别刺激的体验。

    d. 有好也有坏。

3. 哪句话最能准确描述你们的分手?

    a. 没有他/她,我会过得更好。

    b. 外遇只是催化剂,而非根本原因。

    c. 我们变得像兄妹。

    d. 也许未来我们可以变成朋友。

4. 哪句话最能准确描述你的感受?

    a. 我不知道我怎么能忍受他/她这么久。

    b. 事情有可能拖得更久。

    c. 这只是其中一件事。

    d. 只要我学到教训就好了。

5. 哪句话最能准确描述你对于和其他人约会的感受？

   a. 算了吧，不会发生在我这种有过婚史的人身上。

   b. 我害怕让任何人亲近我。

   c. 我会等着瞧。

   d. 我大致上是乐观的。

如果你的答案大部分是a，那么你属于"迈向痛苦的极端型"。

至少你们的性爱可能是美好的。许多人之所以能忍受不理想的亲密关系，是因为争吵之后修补的魔力。不过，请试着用一种不那么黑白分明的方式来看待你的婚姻，因为生命是由色彩丰富的调色盘描绘而成。这一种结局的最大优点是，你可以不必假装要保持朋友关系。

如果你的答案大部分是b，那么你属于"寻找出口型"。

你倾向于添油加醋，好让你的前一段亲密关系看起来比实际更糟，借以减轻你的罪恶感。婚外情往往会加重嫉妒情绪，因为人们越来越清醒地认识到一段婚姻关系是多么的脆弱。另外一种可能是，一段时间过后，你可能想回到原来的关系，因为距离使你重新评估你所失去的一切。

如果你的答案大部分是c，那么你属于"变动因素型"。

记住，亲密关系需要适当的环境才能成长茁壮，仅是相爱并不够。原本美好的关系也会渐渐褪色，因为双方为了维护幸福的画面而忍受彼此的差异，却没有解决任何事情。好处是，你不可能责怪自己或另一半，所以永远有可能挽救一段恰当的友谊。

如果你的答案大部分是d，那么你属于"不想要的机会型"。

你们正在进步中，如果有时候你觉得沮丧或愤怒，别讶异，因为复合从来不会直线前进，大多数人有时候还会倒退一些。如果你发现自己陷在困境中，或许就要考虑寻求咨询，以找到新的观点。

"均摊责任"练习

1. 拿一张纸，在中间画一条线，一边写下"我的责任"，另一边写下"对方的责任"。
2. 从另一半的那一边先开始，因为这通常最容易。列出对方造成分手的所有责任。纸张的另一边要留下空间，以便你稍后可以回头审视你是否也具有相当的责任。
3. 在你的那一边列出你造成分手的所有责任因素。
4. 回头审视对方是否也有相当的责任，例如在"他总是要求更多性爱"这一项旁边，有人可能会写"我把性爱当作武器来报复他"。

如果你发现想不出任何事项来填补这两栏，就请一位朋友帮忙填写。

第16章

新的春天

从一段破裂的亲密关系中复原是很辛苦的，尤其当这个选择并非你所愿。就我的经验看，那些选择往前游而不愿沉沦的人已经掌握了一个高难度的技巧。他们花很多时间去理解这段亲密关系（过去），然后把注意力放在如何改善问题上（未来），每遇到困难时，他们就专注在接下来的几天（现在）。虽然交互使用这三个时间范畴的能力在任何时候都很管用，但是在类似离婚这种个人挫败中，这种能力就显得格外重要。

陷在过去的人很可能会沮丧消沉，只把目光定在未来的人却最有可能筋疲力尽。很少有人会被眼前的问题困住，因为大多数人发现自己很难活在当下。但是，我偶尔会看到一些案主是只在意今天是否过得好，并沉浸于盲目追逐快乐的享乐主义者；有些则是任劳任怨的宿命论者。

所以，你要如何灵活地在对的时机找到正确的时间框架呢？秘诀就在于了解这三种时间框架的好处。上一章我分析了过去带给我们的教训，而第12章谈论的是现在，本章要讨论的就是未来。

未来允诺的是更灿烂的明天——不再流泪，不再痛苦，甚至还有一个新伴侣。大多数人当然会想要这些目标，许多案主也问我："为什么一切必须如此难？"我没有回答，部分是因为我并非哲学家，但主要是因为婚姻咨询就是帮助人们找到自己的答案。如果我可以请来一位随时待命的哲学家，他/她可能会回答："因为没有人可以从幸福或成功中学习到任何重要事情，困难才能使我们成长。"也许这些唱高调的哲学家不存在是件好事，否则他们可能不会很受欢迎。我曾为一本女性杂志访问过一位女士，她为这些典型反应做了最好的总结。

努拉·宾厄姆在年仅29岁时患了病毒性疾病，她的丈夫哈瑞必须放弃一份前景很好的工作，全天候照顾她。三年后，当我遇到他们时，她仍然很虚弱，但是只要还能打理自己，她就认为那是美好的一天。她蜕变成我所见过的最明智的人之一，访问之后，她还帮我解决了我苦思了很久的一个难题。努拉说，"坦白地说，无论这个疾病会带来任何深刻与难以理解的回报，都绝对不会是我们的选择。每天的生活超乎想象的折磨人。就我自己而言，我宁愿活得肤浅而健康，也不愿意饱受折磨而深刻。"

我再摘录一段努拉的访谈，因为可以说明逆境如何强化爱："当我心情很低落时，我不能像其他人一样出去走走或喝杯酒。我没有别的地方可以去，只好专注于内在。我一直都认为我失去了让人觉得自己有价值的一切事物。当哈瑞必须背着我去浴室时，我的尊严在哪里？但是我发现，这件事的意义不止于我能自己洗澡，而是仍然觉得自己像个人，因为当我注视哈瑞的眼睛时，我看到了自己的映像。他对我仍怀着同样的尊重与情感。"

回头谈谈那些曾问过我生命为何如此艰难的案主，如果那位唱高调的哲学家与努拉·宾厄姆的证据相矛盾，我可能会去"无头合唱团"（Eurythmics）把戴夫·斯图尔特找来。这位既有才华又有钱的音乐家曾经饱受"天堂症候群"所困，因为没有事情可以担心，所以他就会恐慌发作，直到瘫痪。人类似乎需要问题，因为痛苦可以堆砌出更美好的明天。

再度把焦点转回到相爱却不相恋的问题，这里有两个关于追寻未来的范例，一个很成功，另一个就没那么成功。

结束15年的婚姻之后，马克决定专注于未来的机会。"我想做两件事：飞行与跳舞。以前我没有时间做这两件事，而且我太太并不赞成我发展向外的兴趣；现在我不仅享受新挑战，还遇到一些很棒的人。"

虽然菲尔也结婚十几年，也有子女，他的故事却很不同："朋友告诉我，没有太太我会过得更好。我不相信，于是他们带我出去喝酒。我猜你一定可以猜到接下来发生的事，我开始和酒吧女侍约会。一开始真是不可思议，真的很开心！不久，我们就同居，并计划去佛罗里达度假。但是我发现她同时也和别人约会。"这次的分手比妻子离开更让菲尔难以承受，他因而意志消沉。遗憾的是，他太快尝试追求未来的生活：他以为找到了一位准备好长相厮守的女子，但她其实只是玩玩罢了。

那么，你要如何避免仓促地一头栽进未来？尤其今天似乎非常苦涩无望。

分手后的前三个月

» 就算你们想要保持朋友关系，在新的关系模式开始之前，请给自己一些空间结束旧的关系模式。

» 记住，你是在处理伤口，所以请对自己仁慈些：吃好一点、睡多一点，不要给自己太大压力。

» 切断联结需要时间。亲密关系初始时，双方分摊责任；关系结束时，双方会各自取回之前对彼此的责任。有时候这样的脱钩会带给你乐趣，例如如果从前你的另一半包办所有的煮饭工作，你现在就有机会重新发现你的烹饪技巧了。有时候这是个成长的契机，例如你的另一半掌管所有财务，现在是你自己学习管理财务的时候了。

» 对于那些你无法自己做的事情，以及你没有意愿学习的事情，最好是询问朋友或聘请专家，都比打电话给你前妻/

前夫要好得多。后者会让你不断和旧关系牵扯在一起，而不是大步走向未来。

找到新路径

» 寻找你要的，而不是你不想要的。许多身陷危机的人非常在意他们不想要的，例如不想要孤单。然而，如果用比较正向的方式思考，目标就会更明确，例如："我想交新朋友。"

» 你对新生活所抱的期待或想象越清晰，就越容易踏出第一步。你可能会想："我想要结交能够一起去剧院看戏的新朋友。"这个明确的目标会让你的思绪专注在发现是否有同事对戏剧感兴趣，并且把同事变成朋友，或加入一个相关的俱乐部。

» 寻找新的机会时，把新模式带入你的生活。如果你老是做相同的事情，你的生活就会一成不变。所以，开始改变你的日常作息——可以只是一件很简单的小事，例如换一条上班路线，或是留意某件会引发新爱好的事情。

» 开放自己迎接灵感。散散步或做运动：任何可以让身体忙碌，但又允许心绪漫游的事情，都可以让念头从你的潜意识中突然蹦出来，进入你的意识里。其他可能的灵感来源包括：让美的事物环绕在你身边，譬如去观赏或听一场音乐会，网络漫游，把家里整理干净，做一些会让你开心大笑的事情，向朋友寻求建议，等等。
» 享受路程中的每一步。有时候我们太执着于达成目标，却忘了停下来闻一闻路旁花朵的芬芳。享受旅程也可以让你不被过度严格的目标绊住，而错失了可能带来幸福的其他选择。

疗伤的障碍

» 愤怒。愤怒是理所当然的，尤其当婚姻的结束并非你所愿时。表现型愤怒（expressed anger）爆发后便会消失，压抑型愤怒（suppressed anger）却会永远躲在表面下冒泡。
» 复仇的欲望。网络上有许多咒骂前任的个人网站，报纸上也充斥着剪破前任的衣服、把虾缝进前任的窗帘皱褶，或把整瓶收藏的珍贵红酒倒在邻居台阶上的报道。虽然报复会带来短暂的快感，却可能会在日后产生相反效果。首先，会引来还击；再者，报复的一方会被仇恨禁锢在旧关系里，而无法思考如何向前走。
» 子女。当你们生了孩子，就永远被绑在一起了。不只是孩子小的时候，还有他们的毕业典礼、婚礼、他们的孩子等。所以，要接受这些不可避免的事情，并且善尽职责。最初几个月，在送孩子到前任那里去的时候，把孩子放在门口可能比进屋里去喝杯茶来得容易。但是，如果个人仇恨使你们无法心平气和地对待彼此，就去找出一个调解的方法。

无论你有多恨你的另一半，别在孩子面前表现出来，也别逼他们选边站。记住，孩子们一直都爱着父母双方。

» 期望和好。有些人太快就放弃，于是一段原本可以挽救的婚姻便结束了。而希望和好的人又抱希望太久，因而延误了治疗的过程。你如何取得平衡？这是非常个人的决定，但是我愿意试着朝向一个更独立的未来——找到新兴趣，同时要保持开放。然而，如果你的前任已经展开一段新恋情，或者因为外遇而离开，对方的迷恋情绪正达巅峰，是不可能回到你身边的。

» 时机。有时候，环境条件与纯粹运气不好也会阻碍一个人向前走。第一，审视一下你的生活，看看有什么事情会阻碍你；第二，问问自己是否有其他出路；第三，要有耐心。复原需要时间，如果一切感觉像"赶鸭子上架"，也许就不是你此刻该做的选择。

» 你是否设定了正确目标？大部分人都想要幸福快乐。可惜的是，快乐有时候难以捉摸，尤其当一个人经历一场破碎婚姻，感觉生活给了他重重一击之时。虽然享乐式的愉悦（例如一个美好的外出夜晚）或感官的愉悦（一件新玩意儿或新衣服）可以带来快乐，却只能提供短暂的舒缓放松。然而，如果你的目标是要成长，成为一个更好的人，就没有什么经验会是白费的。此外，快乐会让人把关注点放在错的事情上（并让某人陷入困境和气馁），而个人成长则关注正向的未来。

发展新恋情

» 检查你是否已经准备好了。离婚对于自尊的打击很大，所以，任何人觉得你有吸引力，你都会铭记在心。新恋情所带来的兴奋刺激也会赶走忧伤，所以许多离婚者很快就会投身一段新的恋情。"我本来只是想找点乐子，"31岁的私人助理玛吉说："我们确实开怀大笑，我的心情好多了，而且很放松。就在这时候，他认为我们进展得太快而且我太认真了，所以便退缩回去。我带着震惊的情绪回到现实，而且，感觉比之前更糟。"

诀窍：不要忽略独处的重要性，因为这是你再度成为别人的伴侣前，发现自己独特个性的一个机会。最重要的原则是，伤口开始愈合之前，我们需要一年时间独自经历圣诞节、生日、周年纪念日等所有重要日子。所以，在这些令人难以面对的日子里，就让自己被朋友、家人围绕吧。

» 不要重蹈覆辙。许多再婚的人都宣称再婚对象与前任配偶截然不同，但事实却相反。这意味着同样的问题依然存在，只不过你可能会有不同的立场。"我的第一任丈夫喜欢主导一切，不断地告诉我该怎么做，我觉得自己像个小女孩。"29岁的帕齐说："所以我喜欢第二任丈夫的一点，就是他非常温和，而且凡事不啰唆计较。可是这样一来，他似乎什么也没做，我自己必须做所有决定，并且对他啰叨。每个人都以为我是他妈！"可惜的是，帕齐并没有学会如何适当地沟通协调，也没有找到均摊责任的亲密关系。

诀窍：你之所以会被某种类型的女性或男性吸引，原因可追溯至童年时期，以及你最初如何学习两性关系，即对你父亲与母亲的观察。你的父母所争执的问题，很可能也会是你和另一半努力想要解决的问题。

» 不要预期得太久。一年过去，你已经克服了最糟的情况，开始再度约会。此时你很容易就以为这个新对象就是你幸福的归宿。虽然这是很自然的反应，因为新的伴侣又给了我们希望，让我们相信自己在两性关系方面并非一无是处。可是在第二次约会时，就想象你们要一起养哪一种狗，是没有任何帮助的。已经离婚18个月的32岁的乔说："我总是让对话保持轻松愉快，但是，男人不是慢慢疏离，就是变得很黏人。"乔并不知道自己正在发出吓跑男人的信号。

诀窍：记住，约会有三种形态：开始了解对方的约会（第三至第五次约会）、有趣的约会（享受彼此的陪伴），以及热恋期的约会。如果不先经历前两种约会，就无法进行到第三种。有时候，一段能让你放松并且享受彼此陪伴的有趣关系，就算没有发展成认真的长远关系，也一样是疗愈人心且具正面意义的。

» 厘清何者属于过去、何者属于现在。当你开始一段新恋情，不要因为前任惹你生气的事情而对新情人发脾气。我们很容易老调重弹，尤其是疲惫或有压力的时候。"当我的新任丈夫约翰走进厨房，说他要停止装修工作，出去买些小零件或用品时，我整个人都气蒙了。"育有两个子女、35岁的苏珊说："我对他发脾气，他也不高兴，于是我们因为我的态度而大吵一架。我后来冷静下来，告诉他，我的前夫如何找各种借口，例如材料或工具不够，借以逃避修缮责任。但约翰确实需要更多油漆。"

诀窍：体会你身体的感官反应，例如心跳加速或涨红了脸，此时你应该觉察到愤怒的信号。下次快要因为与前任的争执点而与现任情人争吵之前，记得先"确认"信号。例如："我感觉你似乎用这个当借口来开小差，是这样吗？"

» 不要比较——即使只在你脑子里暗自进行也不行。无论你多么讨厌前任，对方一定有你喜欢之处：他修好一直滴水的水龙头、他擅长园艺。反复诉说过去会让你对现任的优点视而不见，也不要拿你自己与另一半的前妻/前夫相比较。"我第二任丈夫在法国普罗旺斯有一间屋子，是和他前妻合买的，但他们离婚后仍共同持有。"43岁的女业务员吉莉安说："这间度假小屋很方便我们结婚后组成的大家庭度假。可是那次假期却很扫兴，因为他一直提起他的前妻。谈到她喜欢哪家餐厅、他们买东西或一起做事的时光。我一直在想：我的烹饪技巧达标吗？她穿比基尼是否比我更好看？"虽然你的新伴侣在最初的12个月过后，自然会对你的过去感到好奇，但不要提到前任，就算贬损也不要。

诀窍：结交不认识你或你前任的新朋友。如果死守旧的朋友圈，会使关系困在过去。

» 容许自己再度受伤：受过伤之后，自然会因为害怕再次受伤而有所保留。这也可能意味着你并没有百分百投入新关系，或者你的新伴侣可能会觉得无法真正了解你。26岁的健身教练蒂娜说："蜜月后一个月，我有一种很诡异的心情，就像一只受困的动物一样。我丈夫问我怎么了，我想用'没事'来打发他，可是我却小声地说'我很害怕'。他靠过来抱住我，我就一直哭、一直哭。就在那一刻，我觉得从未与他如此亲近。"

诀窍：不可能离开痛苦，因为痛苦是人生的一部分。最好能接受生命有起有落，不要不敢承担风险，平淡过一生。

» 相信自己：如果你更了解自己，尤其是更了解你的需求，你的新恋情就没有理由不成功。31岁的露西说，"当我走进礼堂，看到好多曾经参加我第一次婚礼的朋友与家人。我很怕他们会想：我们又来了。但是我内心深处很明白，这次会很不一样。"

诀窍：让你的身边围绕着相信美好关系力量的人，而不是会诋毁你未来伴侣的朋友。有了爱与具有建设性的争吵技巧，我们终将做出好的选择，任何障碍都可以克服。

小 结

» 在重大挫败期，例如关系破裂时，会感觉好像世界末日。然而，黑暗日子有可能是崭新、刺激生活的跳板。秘诀在于把今日的苦涩柠檬变成明日的柠檬汁。
» 从个人灾难中复原终究需要时间，所以多宠爱自己，不要让自己承受过多压力。
» 允许自己生气，但是不要在孩子面前发泄或寻求报复，这会阻碍孩子们与你从伤痛中复原。
» 有了时间、自我了解以及不走捷径的决心，你会拥有更美好的未来，再度高飞。

练 习

无论人们如何积极乐观，总会遇上痛苦排山倒海而来的时刻。这些毁灭性想法通常会以多个画面或电影短片的形式出现。例如想象你的前任躺在浴缸里，手里拿着最爱的一本书与一杯饮料；与此同时，你却必须照顾你们的三个子女。或者，你会想起让你后悔的一件事，而且不断在脑海里回放。你的自然反应是压制这些画面，转移自己的注意力。请尝试下列练习，当你不受打扰时，练习效果最佳。

情绪急救包

1. 重新设定大脑处理灾难，最好的方法就是改变脑海里的画面。给这个画面定一个标题，并且大声说出来，因为这是让你从痛苦中抽离的第一步。例如你可以称上述那个泡澡的画面为"河马"——一点点幽默感总是有助于扫除痛苦。
2. 在你想象中，这幅画位于何处？是直接在你眼前，还是偏向一边，或者围绕在四周？要很明确。把它放在何处会让你感觉好过一些？试着把这幅画转变成一部在墙上播放的电影，这可以让它感觉起来比较遥远，因而不那么令人痛苦。记住要让画面尽量明确，并再度把结局大声说出来。
3. 这幅画是什么颜色？有时候，把你的画面从黑白改成彩色，或者从彩色变成黑白，可以帮助你对记忆或对前任的新生活的想象模糊一些。而这全看你的想象力如何运作。
4. 这是一部动画片还是静止画面？你会听到什么？同样地，改变画面的形式或声音，也可以改变记忆储存的方式。例如调低音量，或是把声音改成米老鼠的声音等。这幅画面是否有气味或味道？你是否能用较快乐的感觉来取代难过的感觉？
5. 试着再度回放这部电影，你会如何改变它？例如泡澡的水变得太烫，你的前任必须跳出来；或是英国女王来到浴室，停下来俯视着浴缸。她甚至可能开口问道：你是不是太过分了？通过想象前任的新生活，你可以提醒自己，这只是想象罢了。或者，可以想象摄影机从浴缸往后拉，看到了整间屋子的画面，以及他/她的衣服散落满地。现在你可以觉得松了一口气，因为你再也不必替对方收拾衣服了。

总之：

» "我爱你，但是我没有在爱里的感觉"是今日最迫切的亲密关系问题。我们再也无法满足于舒适的关系，而是期望拥有令人完全满意的关系。
» 因为爱已经变成了维系亲密关系的黏合剂，我们的文化于是把它当作一个夸大或不可思议的话题，因而使之难以被捉摸、测量与了解。
» 没有比"爱征服一切"更强烈的社会迷思了。然而，爱只是故事的一部分，决心、勇气与投注的时间同等重要。但是，因为我们不敢探究依恋的真正本质，所以无法看见它的复杂性。
» 没有冲突的话，就不可能拥有一段真正令人满意的亲密关系。逃避争吵，会妨碍真爱生长。如果没有争吵，结局可能就是"抱歉，亲爱的，我不爱你了"的无助感与无力感。
» 相爱却不相恋是可以避免的，只要更了解爱以及爱如何随着时间改变，热情就会回来，带来真正令人满意的亲密关系。